庆祝山西省考古研究院七十华诞

本书出版获得国家文物保护专项补助资金资助

洪洞南秦墓地二〇一六年度发掘报告

山西省考古研究院
临汾市文化和旅游局　编著
洪洞县文化和旅游局

科学出版社
北京

内 容 简 介

本书为2016年度山西省临汾市洪洞县南秦村发掘的9座墓葬和4座灰坑的资料整理报告，这批遗存共计春秋时期墓葬2座、战国至秦时期墓葬3座、清代墓葬4座、西汉灰坑1座、时代不明灰坑3座。出土铜器、陶器、瓷器、金器、石器、骨器等，共计200余件套，器型丰富，尤其铜器较为精美。该墓地的发掘，对研究晋南地区不同时期的埋葬制度、社会生活等提供了新的资料。

本书可供考古、文物、历史等专业的高校师生及专家学者参考使用。

图书在版编目（CIP）数据

洪洞南秦墓地二〇一六年度发掘报告 / 山西省考古研究院，临汾市文化和旅游局，洪洞县文化和旅游局编著.—北京：科学出版社，2023.12
ISBN 978-7-03-077807-9

Ⅰ.①洪… Ⅱ.①山… ②临… ③洪… Ⅲ.①墓葬（考古）–发掘报告–洪洞 Ⅳ.①K878.85

中国国家版本馆CIP数据核字（2023）第252705号

责任编辑：董　苗 / 责任校对：邹慧卿
责任印制：肖　兴 / 封面设计：北京美光设计制版有限公司

科学出版社 出版
北京东黄城根北街 16 号
邮政编码：100717
http://www.sciencep.com
北京汇瑞嘉合文化发展有限公司印刷
科学出版社发行　各地新华书店经销
*

2023年12月第 一 版　开本：889×1194　1/16
2023年12月第一次印刷　印张：13 3/4　插页：101
字数：576 000

定价：**328.00元**
（如有印装质量问题，我社负责调换）

洪洞南秦墓地二〇一六年度发掘报告

主　编

杨及耘　曹　俊

目　　录

插图目录

图 版 目 录

第一章 概　　述

第一节　地理环境与历史沿革

一、地理环境

洪洞县位于山西省南部，临汾盆地北端，地理坐标介于北纬36°06′~36°32′，东经111°22′~111°54′之间，东隔霍山与古县为邻，西靠吕梁与蒲县交界，北与霍州、汾西相连，南与尧都区接壤。东西最宽处55千米，南北最长处47.5千米，总面积1493.8平方千米①。

洪洞东靠太行，西倚吕梁，地处山西南北交通要冲，战略地位十分重要，历来为兵家必争之地。县境东、西、北三面环山，南部低平，形成东西高、中间低，北窄南宽的河谷盆地，从地貌成因划分，可分为山地、丘陵、山前倾斜平原、河谷阶地四种地貌单元。东部为太岳山脉霍山山系，山势挺拔陡峻。西部为吕梁山支脉罗云山系，山势低缓绵长。北为两山延续合拢环境，中部的汾河自北向南纵贯，平川轮廓逐渐展宽。山地外因分布有大面积的丘陵，自北向南连绵不断，多形成梁、垣、峁黄土地貌。阶地外围分布有山麓洪积-冲积扇，波状起伏，多形成黄土台地、山前倾斜平原。据匡算，山区面积占县城总面积的20.4%，丘陵占37.6%，倾斜平原占22%，堆积阶地占20%。县境最高处为位于东北部的霍山顶，俗称老爷顶，海拔2343.8米。最低处位于南部汾河滩，海拔430米，两者垂直落差1913.8米。县域平均海拔约530米。

县境东西北三面环山，中部平川走向为东北—西南向，东南方向来的湿热空气阻挡明显，且深居内陆，大陆性显著。根据我国气候区划，该区域属于暖温带，半湿润（山区）、半干旱（平川丘陵）地区。气候类型属于温带大陆性季风气候。总特征是：冬季寒冷干燥，夏季炎热多雨。冬夏长，春秋短，降水山区多于平川。云量少，日照足，地面风向紊乱。平川区年平均气温12.6℃，一月份平均气温-3.6℃，7月份平均气温25.8℃，极端最低气温-18.6℃，极端最高气温40℃；山区年平均气温比平川偏低3~5℃。平川区无霜期一般为195天，最长233天，最短153天；山区无霜期较短。平川区年均降水量527.6毫米，西山为618.0毫米，东山为608.4

---

① 洪洞县志编辑委员会：《洪洞县志》，山西春秋电子音像出版社，2005年，2、3页。

毫米，极端年最高降水量754.8毫米，极端年最低降水量335.6毫米，年日照平均时数为2551小时，年日照百分率57.5%，光能资源丰富。县域共有4种土壤类型，即：褐土、棕壤、草甸土、水稻土。褐土分布最广，占总土地面积的90%。

县域有13条河流，均属汾河水系，县境内的汾河由北向南纵贯，流程45.8千米。多年平均来水量为11亿立方米，年平均流量36.35立方米/秒。最大洪峰流量2800立方米/秒，最小4立方米/秒。赵城以上水能资源丰富。汾河12条支流，由东西两山经丘陵、阶地，垂直向汾河倾泻，形成明显的羽状水系，全程332千米，年正常径流量0.73亿立方米。河流水文具有明显的暴雨型和山地型河流特征。一年中，冬春流量小，有时断流，夏秋流量大，水量不稳。且具有连续丰水和连续枯水的特点。县域地下水资源丰富，属沟谷型浅水构造，据1972年报告，县境深150米左右洪积物地下水动储量为108.438万立方米/日，约合4亿立方米/年，年可出水2.5亿吨。县境最大泉流为霍泉，也是山西省的较大泉流之一，另外还有董寺泉、堤村泉等122处水泉。

县境内的老林区主要分布在东部的兴唐寺、明姜等乡镇的东部和苏堡镇的东北部，特别是霍山乡周围以及人烟稀少的后山区，面积约4万亩。太岳林场的大南坪林区在县境内有8.79万亩。西部林地主要在山头、左木乡以及刘家垣西北部、万安镇西部，多为天然次生林和人工恢复林。平川林主要为农田林网。

东西两山中药材资源丰富，种类繁多，仅霍山就有药材230余种，西山更多。山林野间时有豹、麝、褐马鸡、山羊、猫头鹰、啄木鸟、鹳、鸢、蟒蛇等珍稀动物出没。

主要矿藏资源有煤、铁、铝矾土、石膏、石灰岩、陶瓷黏土、石英砂岩、长石、云母、白云岩、硫铁矿、油页岩、铜矿、紫砂黏土14种，其中煤炭储量42亿吨，铁矿储量1400万吨，铝矾土储量1.7亿吨，石膏储量15425万吨，石灰岩远景储量60160.2万吨，白云岩储量5737.5万吨，油页岩储量19600万吨。

二、历史沿革

洪洞县，是原洪洞县与赵城县1954年7月1日合并而置，县治在洪洞县城①。

洪洞县名的来源，根据传统的说法，是缘"洪崖""古洞"而名。洪崖原为红崖，系指洪安涧河南岸西自涧桥东至安乐村的一条崖，土质呈红色，因名红崖。

东晋时山西文人郭璞有"洪崖先生炼丹诗"，本指江西省新建县之洪崖，后人借谐音改红崖为洪崖。县北北官庄崖头曾有中古时代隐士之洞，因名古洞，故取城南"洪崖"、城北"古洞"而名为洪洞。近代，有人对此说曾提出异议，但仍需深入考究，今仍从旧说。

---

① 洪洞县志编辑委员会：《洪洞县志》，山西春秋电子音像出版社，2005年，11～14页。

赵城之名，早在西周时就有，《史记·赵氏世家》有"周缪王封造父以赵城"的记载。春秋时为赵简子食邑，其名保持至今。

晋南地区是我国古代文化发祥地之一。洪洞在临汾盆地的北端，汾河之滨。1949年后在东永凝、道觉、左壁、安乐、坊堆、耿峪、侯村等地先后发现仰韶文化遗址，证明我们的祖先早在新石器时代（前5000～前3000年），就在洪洞这块土地上劳动、生息、繁衍。

据我国最早的地理篇《禹贡》记载，当时按全国地理分为九州。在唐、虞、夏、商时代分为十二州，洪洞、赵城之地均属冀州之域。九州之分虽没有现代行政区划的意义，但也算是行政区划的萌芽。

西周灭商后，除王畿之外，封了许多小国，洪洞东南9千米范村一带为杨侯国的故城。杨侯国为文王庶子伯侨所封（一说宣王子尚父所封），后灭于晋。今赵城当时为赵国，今赵城东北1.5千米简子城为赵国故城。

东周时山西境内有20多个小国，到晋献公时，这些小国先后为晋所灭。晋国的势力扩展到今陕西、河北的一部分，晋国的中心在今之翼城县。

晋国初期，洪洞为悼公之弟干的食邑，号曰杨干，后为羊舌氏食邑。鲁昭公二十八年（前514年）始为杨县，僚安为县大夫。春秋时，洪赵隶属晋国。战国时洪洞属魏，赵城无记载。

秦始皇统一中国，推行郡县制。秦始皇二十七年（前220年）将全国分为三十六郡，集权于中央，这是我国实行郡辖县制之始。时洪洞为杨县，治所在今范村一带；赵城为彘县域，治所在今霍州。均属河东郡。

两汉时期，郡县制进一步完善。汉武帝元封五年（前106年）将全国分为103郡，武帝元鼎年间增设十三刺史部（亦称十三州）。今之洪洞时为杨县，治所仍在范村一带；赵城以及霍县、汾西均属彘县，治所在今霍州，均属河东郡，郡又属司隶校尉。新莽时期，洪洞称有年亭，赵城隶彘县。东汉时期彘县在阳嘉三年（134年）改为永安，杨县仍旧。

东汉末年三国鼎立，山西地区属魏。正始八年（247年）置平阳郡，辖杨县、永安，均隶属于司州。

西晋沿魏制，永安县的治所曾一度设在今赵城的仇池。

十六国后秦、前秦、后赵时，两县均属平阳郡。

北魏仍属平阳郡，洪赵属禽昌县域。东魏置晋州，辖永安郡。

北齐、北周均属晋州总管府（都督府）。

隋文帝开皇九年（589年）隋灭陈，统一中国。开皇初年，州、郡制废，改平阳为晋州。大业中又改为平阳郡，实行郡县两级制。义宁元年（617年）置赵城县，县治在今赵城东北1.5千米，属霍山郡，这是赵城命县之始。义宁二年（618年，即唐高祖武德元年）改杨县为洪洞县，属临汾郡，县治迁今洪洞县城。

唐朝初年，行政区划仍沿旧制，但也时有改动。武德元年（618年），析洪洞县地并临汾县地置西河县；改霍山郡为吕州，仍辖赵城。贞观十七年（643年）洪洞省入临汾，复县无考。

贞观年间，根据山川自然形势，全国分为十道，山西地区属河东道，统州十八。临汾地区为晋州，洪、赵两县均属晋州，赵城县治始迁至今赵城镇。

五代十国时，后梁于开平四年（910年）设定昌军寻改建宁军节度使辖洪洞。后唐、后晋、后汉、后周均设建雄军节度使辖洪洞，赵城无考。

北宋实行路、府（州军）、县三级行政区划制度，将全国分为二十三路，洪洞、赵城隶晋州。熙宁五年（1072年）赵城曾省入洪洞为镇，元丰三年（1080年）复置赵城县。政和三年（1113年）以赵城为造父之地，升为庆祚军，不久即废。政和六年（1116年）改晋州为平阳府，领10县，洪洞县、赵城县属平阳府。

建炎元年（1127年）金灭北宋，山西地区为金人统治。金代行政区划沿袭北宋，分路、府、县三级。洪洞、赵城均属河东南路平阳府管辖。

元朝至元二十三年（1286年）创立了行省制，除山西、河北、山东等直属中书省外，其他分为10个行中书省，俗称行省。中书省在山西设河东山西宣慰司，辖四路，今临汾一带元初为平阳路。大德七年（1303年）大地震之后改为晋宁路，辖洪洞、霍州。赵城县又属霍州，为二等县。

明洪武九年（1376年）将全国分为十三布政司（也称行省）和三部指挥司，行政区划为省、府、州、县，洪洞县、赵城县均属山西省平阳府。

清朝初年，继承明代的行政区划制度。乾隆三十七年（1772年）升霍州为直隶州，领灵石、赵城二县，州治在霍州。洪洞仍属平阳府。嘉庆二十五年（1820年），将全国分为18省、5个将军辖区，共25个一级行政单位，行政区划仍以省、府（州）、县三级为主。山西为9府16州（内有府属州6）、86县、12厅。洪洞和赵城均属平阳府，府治在临汾。

民国元年（1912年）对行政区划进行了改革，废除了府州。民国三年（1914年）设道。山西省分为3道，辖105县，洪洞、赵城均属河东道，道治在运城。民国十九年（1930年）废道后，县直隶省。

民国二十六年（1937年）10月，日军侵入山西，11月阎锡山省政府退出太原。阎锡山在全省先后组成九个行政区，也称专署。洪洞、赵城属第六专署，署址先后驻赵城好义村、汾西勋香。翌年2月，洪洞、赵城沦陷，两县政府分别撤往汾河以西。洪洞县政府先后驻河西韩家庄、垣上、李家坪；赵城县政府驻罗云、双昌。第六专署在河东设办事处，驻石门峪，洪、赵两县在河东各有办事处。此后，日军在洪洞、赵城县城成立县公署。洪赵两县的日伪县公署归山西省冀宁道管辖。

抗日战争初期，共产党领导的八路军挺进敌后，开辟抗日根据地，以阎锡山省政府的行政区划为基础。"十二月政变"后，根据地各级政权相继建立。民国二十九年（1940年）4月，洪洞县（河东）抗日民主政府成立，驻东湾里；赵城县（河东）抗日民主政府成立，驻兴旺峪。同年8月，国民党九十三军在南垣成立办事处，驻杨家掌，次年上半年即废。民国三十年（1941年）9月成立太岳行署，开始下设3个专署，后增至5个专署，赵城归第一专署，洪洞归第二专署。民国三十四年（1945年）10月，洪赵两县铁路以西地区成立了洪赵（河西）联合县民主政府，先驻道觉，后迁笔架庄、罗云、万安尚属晋绥九分区管辖。洪洞县（河东）民主政府驻师村，赵城县（河东）民主政府驻兴旺峪。民国三十七年（1948年）7月，洪赵（河西）联合县撤销，恢复两县建制，尚属晋绥九分区。

1949年中华人民共和国成立后，调整行政区划。洪洞县、赵城县属山西省临汾专区管辖。1954年7月1日，洪洞、赵城合并为洪赵县，县治在洪洞，同时运城与临汾专署合并为晋南专署，洪赵县属晋南专署管辖。

1958年12月洪赵县与霍汾县合并，称洪洞县，县治在洪洞城。1959年7月霍汾县从洪洞分出，恢复原建置。1971年临汾与运城行署分设，洪洞县归临汾行署管辖。2000年临汾地区改市建制，洪洞县尚隶临汾市管辖。

第二节 墓地概况

南秦墓地（图版一）位于山西省洪洞县广胜寺镇南秦村西南约200米的一处台地之上，北面有瓦日线铁路东西横穿墓地，西南距洪洞县县城约5千米，北距永凝堡遗址约1千米，东北距坊堆遗址约2.5千米，南十余千米为东周洪洞古城遗址。墓地地势较为平坦，东北望霍山，出霍泉河，北面有磨河，南面有洪安涧河。南秦墓地属于南秦遗址的一部分，南秦遗址解放初即被发现①，其范围包括了南秦村、永凝堡及坊堆三处遗存，20世纪80年代曾在永凝堡抢救发掘了中小墓葬12座②。

因墓地发生盗墓不法行为，出于保护文化遗产的迫切性，山西省考古研究所于2015年3月上报国家文物局申请抢救性考古发掘保护，同年5月获得考古执照，之后对墓地局部展开钻探，并对墓葬核心区域进行了试探性发掘，田野发掘工作于2016年11月上旬结束，历时半年③。

此次发掘的区域位于墓地西南部，共布10米×10米探方四个，发掘面积400余平方米，经过近半年的考古发掘，在探方内共清理了不同时期的墓葬9座，灰坑4处。经初步推断，有春秋2、战国至秦3、清代4座，不同时期的墓葬规模、形制、葬式各不相同（图1-2-1；图版二）。发掘出土了各类文物，总计两百余件套。采集各类土样、木炭等样本百余份。

墓地地质地层情况，可分三层④：

第1层：耕土层。褐黄色，稍湿，松散，植物根系发育。厚度0.4米，层底埋深0.4米。

---

① 畅文斋、张吉先：《山西洪洞县坊堆村及永凝东堡发现古代文化遗址》，《文物参考资料》1953年第12期。

② 山西省文物工作委员会、洪洞县文化馆：《山西洪洞永凝堡西周墓葬》，《文物》1987年第2期。

③ 曹俊、杨及耘：《洪洞县南秦东周及清代墓地》，《中国考古学年鉴·2017》，中国社会科学出版社，2018年，188、189页；山西省考古研究院、临汾市文化和旅游局、洪洞县文物旅游中心：《山西洪洞南秦墓地春秋墓葬M6发掘简报》，《中国国家博物馆馆刊》2021年第6期。

④ 山西省第五地质工程勘察院：《洪洞县南秦村墓地考古发掘项目工程地质勘察报告》，埋深，即距地面深度。

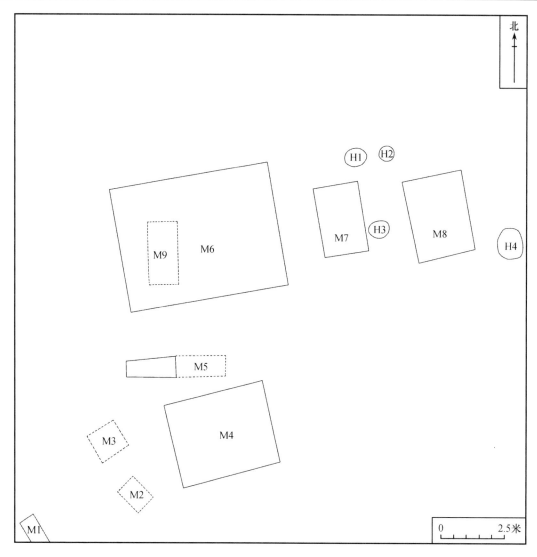

图1-2-1　遗迹分布平面图

第2层：粉土层。黄褐色，湿，中密，见铁、锰质氧化物、钙质结核和云母片等。厚度7.1～7.7米，层底埋深7.5～8.1米，埋深6.2～6.8米分布一层地下潜水。

第3层：粉质黏土层。棕褐色，可塑，见钙质结核，间夹极薄层细砂和粉土。

M1、M2、M3、M5开口于第1层下，M4、M6、M7、M8、M9开口于第2层下。

第二章 春秋墓葬

第一节 M4

一、墓葬形制

M4位于发掘区内西南，北距M5约0.8米，西距M3约2米。方向105°。该墓为东西向竖穴土坑墓，口大底小，墓口4米×3米，墓底3.8米×2.7米，距地表深9.5米。墓内填土为黄褐色花土，经过夯打，夯层每层厚约0.2～0.25米，夹杂钙质结核。墓壁斜直，较为平整，未见工具痕等（图2-1-1、图2-1-2）。

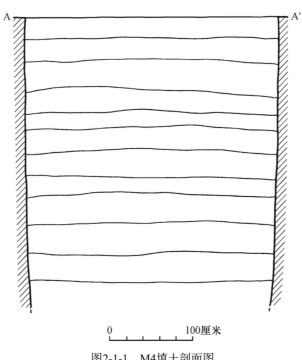

0   100厘米

图2-1-1 M4填土剖面图

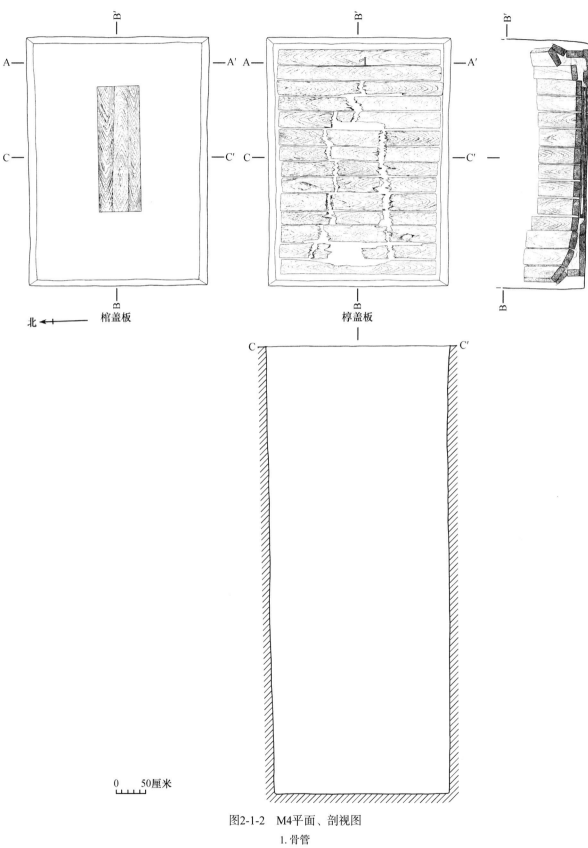

图2-1-2 M4平面、剖视图
1. 骨管

二、葬具葬式

葬具一棺一椁，皆木质，朽甚，仅存灰痕。椁帮板与墓壁间有一宽0.2、高约0.9米的熟土二层台。

椁由盖板、帮板、挡板和底板组成，东西挡板出头，南北帮板不出头。长3.8、宽2.3、高0.9米。帮板、挡板块数不详，厚约0.04～0.05米。椁盖板长3.8、宽2.7米，共14块，南北平铺，间有缝隙，每块板长2.65、宽0.22米，厚度不详。内壁髹朱漆一层。椁底板长3.8、宽2.7米，共14块，南北平铺，每块板长2.65、宽0.22米，厚度不详（图版三）。

棺为长方体箱式，不出头，长2、宽0.7米，高度不详，盖板由东西铺设的3块不规则长方形木板拼接而成，每块板宽0.2～0.25米，板间可见0～5厘米缝隙。立板可见厚约5厘米，结构不明。棺底板大小、铺设方式同盖板，共3块。棺内壁髹朱漆一层。棺内发现人骨一具，因遭受重度挤压，呈扁平状，只可辨认大致轮廓，保存状况较差，朽甚，酥软，呈铁锈色，仅存牙齿数颗。头向东，面向南，仰身直肢，右上肢微曲放于髋骨上，左上肢弯曲放于腹部。墓主人性别、年龄无法测得。另在头骨右侧发现一节兽骨（图2-1-3；图版四；图版五，1）。

三、出土器物

共随葬各类遗物15件套，随葬器物从材质上，见有陶、铜、金、漆、石、骨器等，不见玉器。陶器皆为泥质灰陶，有高领折肩壶2、敞口小罐1，分别出土于棺椁间南、北的中部。铜器有容器和车马器，皆出于棺椁间东南角。容器有带盖鼎2、带盖豆2，舟、盘、匜各1；2件车軎出土于铜盘之下。舟下出土金箔1片。漆器紧靠铜鼎东侧。石器为一组石圭，出土于棺椁间东北位置。骨器仅见骨管1件，位于椁盖板东中挡板之上。石圭西侧发现兽骨1具（图版五，2；图版六）。

1. 铜器

见有鼎、豆、舟、盘、匜、车軎。

鼎　2件。器型、纹饰基本相同，唯捉手处有别。皆带盖。鼎盖圆形，母口，盖面上弧，中央置捉手。鼎身子口，微敛，腹部上端对称附双撇耳，深弧腹，圜底，下承三蹄足。器身外、足内侧等可见范线，耳、足内有范芯，足部可见芯撑孔。盖面饰两周蟠螭纹，以雷纹打底，繁简不一。耳部内外饰细密蟠虺纹；腹部纹饰同盖面，间以一周绳索纹或凸弦纹。M4：6，捉手为5条蛇身状拱起接以圆圈。捉手饰一周绳索纹，盖顶中心饰三角雷纹打底的涡纹，外环一周回纹。盖径30.5、高7.1；鼎身口径29、耳间距35.5；通高31.9厘米。容积11.5升（图2-1-4～图2-1-6；图版七～图版一一）。M4：7，捉手呈圆形喇叭状，中心俯卧一龙，三角

图2-1-3　M4墓室平面图

2.铜舟　3.铜匜　4.铜盘　5.漆器　6、7.铜鼎　8、9.铜豆　10.陶罐　11、12.陶壶

13.石圭　14.成套辖軎（4号铜盘下）　15.金圆形饰（2号铜舟下）

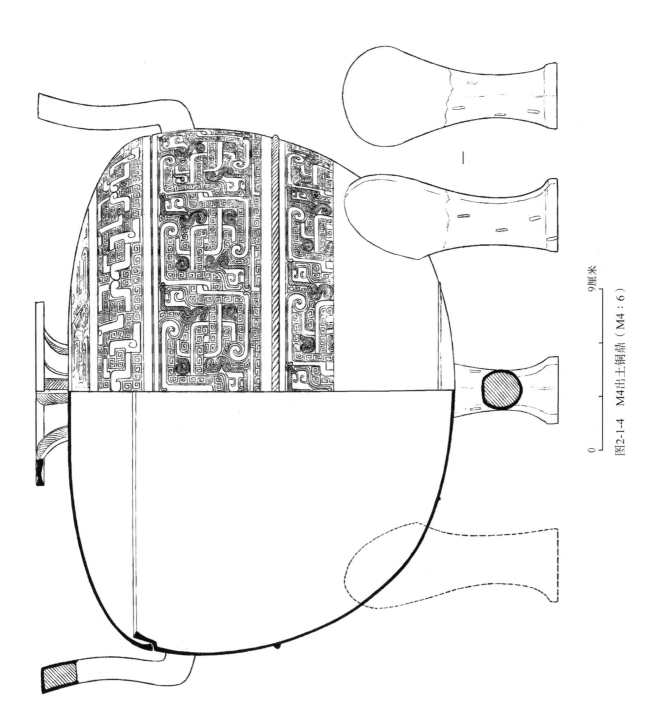

图2-1-4 M4出土铜鼎（M4∶6）

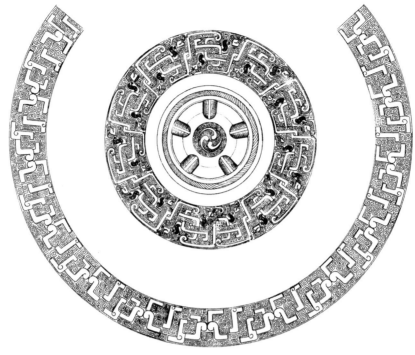

盖顶面纹饰

器身下腹部纹饰展开图

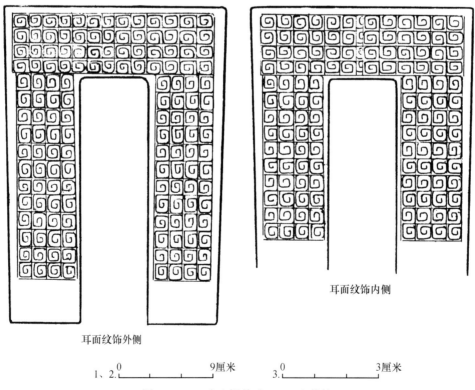

耳面纹饰外侧

耳面纹饰内侧

1、2. |0 _____ 9厘米 |0 _____ 3厘米
                                  3.

图2-1-5　M4出土铜鼎（M4：6）纹饰

盖顶面及壁缘

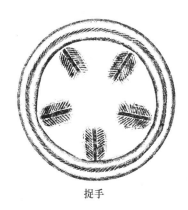

捉手

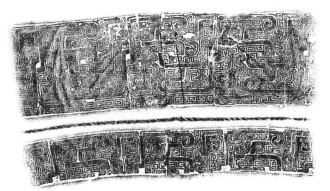

器腹局部

器左耳外侧

器左耳内侧

0   6厘米

图2-1-6 M4出土铜鼎（M4∶6）纹饰拓片

雷纹为底，外环以点状雷纹打底、饰一周首尾相接的交龙纹，共16条。盖径25.4、高6.4；鼎身口径24.4、耳间距30.4；通高27.9厘米（图2-1-7～图2-1-9；图版一二～图版一五）。

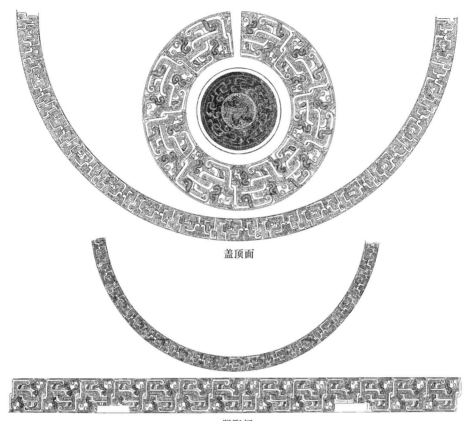

盖顶面

器腹部

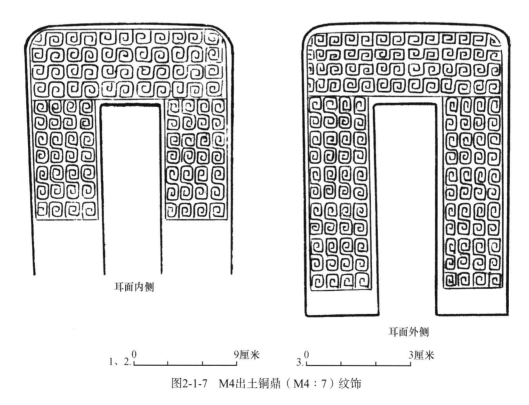

耳面内侧

耳面外侧

1、2. |0⎽⎽⎽⎽⎽⎽⎽9厘米　　3. |0⎽⎽⎽⎽⎽⎽⎽3厘米

图2-1-7　M4出土铜鼎（M4：7）纹饰

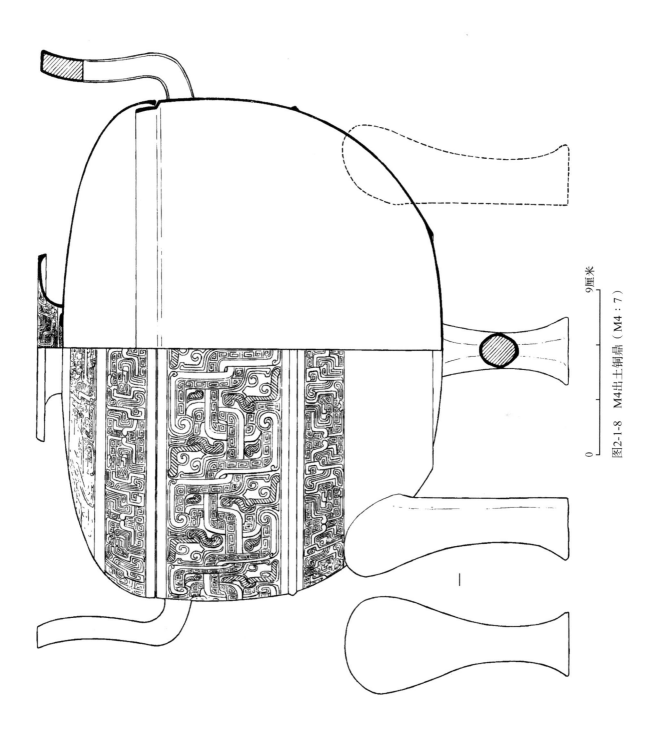

图2-1-8 M4出土铜鼎（M4：7）

盖顶面

捉手

盖壁缘

耳面内侧

耳面外侧

器腹局部

0 　　　3厘米

图2-1-9　M4出土铜鼎（M4∶7）纹饰拓片

　　豆　　2件。器型、纹饰相同。皆带盖。整体器型扁矮，豆盖圆形，母口，盖面上弧，中央置喇叭状捉手。豆身子口内敛，口沿下两侧对称置环耳，深弧腹，下承高柄喇叭足。捉手心饰一周雷纹，外环以点状雷纹打底、饰一周首尾相接的交龙纹，共16条。盖面饰细密蟠虺纹条带，共三周，捉手下两层一周，余饰三层一周。豆身及豆足亦装饰一周细密蟠虺纹条带，身五层，足四层。豆足均匀分布一周长条形芯撑孔，柄部也有，豆身可见合范线痕。M4：9，盖径17.1、高5.1；豆身口径16、耳间距21；通高16.8厘米。容积1.4升（图2-1-10～图2-1-12；图版一六～图版一八）。M4：8，出土时，捉手处残留一截细绳。豆内存有一形似蛋挞的圆饼状食物残留物。盖径17.3、高4.6；豆身口径16.6、耳间距21.1；通高18.2厘米。容积1.35升（图2-1-13、图2-1-14；图版一九～图版二一）。

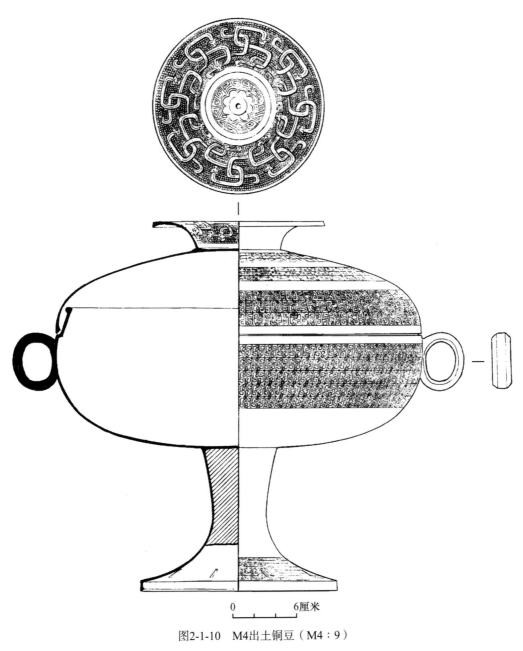

0　　　　　6厘米

图2-1-10　M4出土铜豆（M4：9）

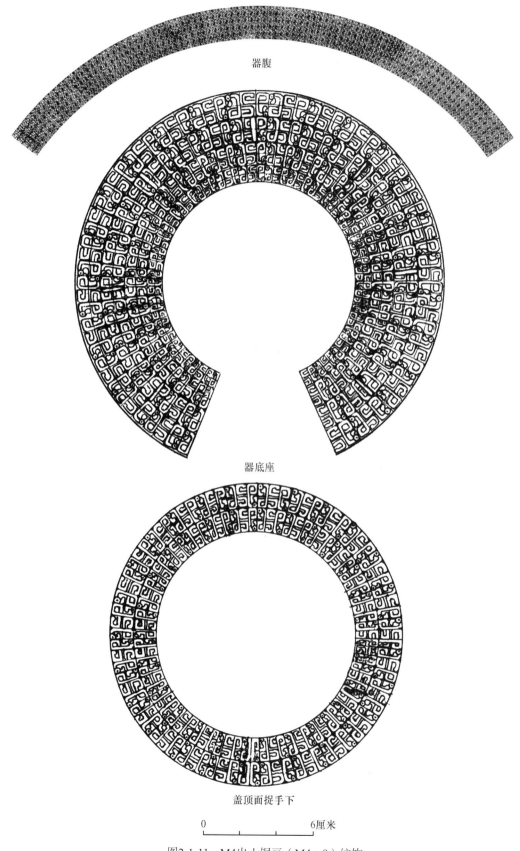

器腹

器底座

盖顶面提手下

0　　　　　　6厘米

图2-1-11　M4出土铜豆（M4：9）纹饰

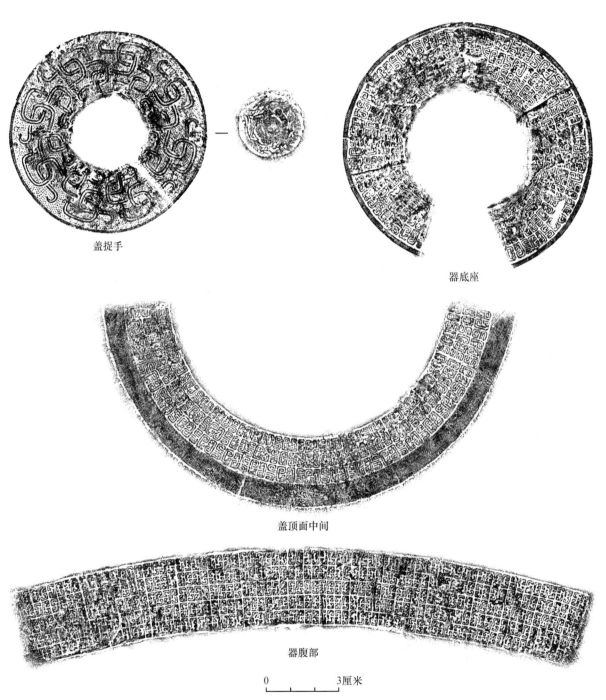

盖捉手

器底座

盖顶面中间

器腹部

0   3厘米

图2-1-12 M4出土铜豆（M4：9）纹饰拓片

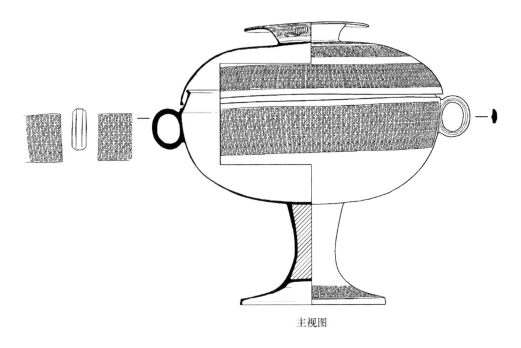

主视图

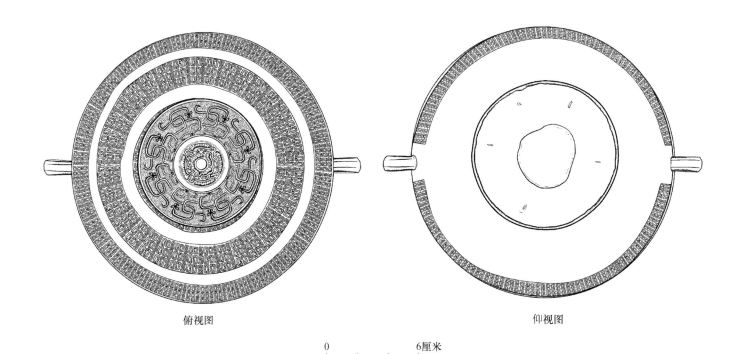

俯视图　　　　　　　　　　　　　仰视图

0　　　　　　　　6厘米

图2-1-13　M4出土铜豆（M4：8）及纹饰

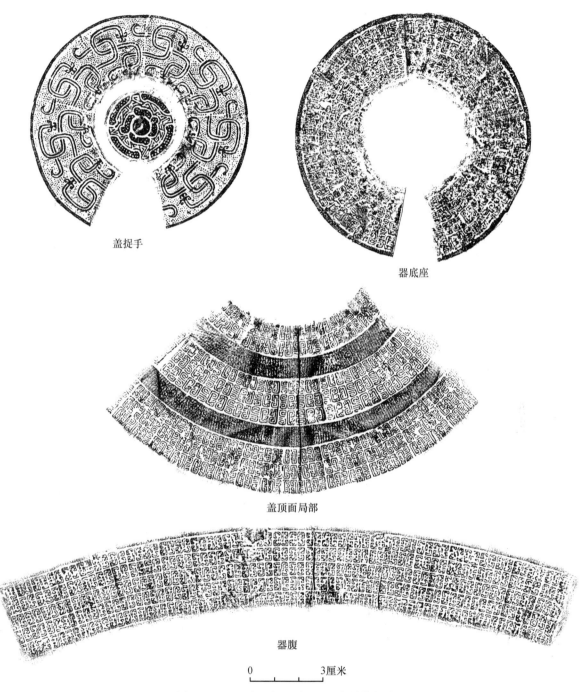

盖捉手

器底座

盖顶面局部

器腹

0 ____ 3厘米

图2-1-14 M4出土铜豆（M4：8）纹饰拓片

　　舟　　1件。M4∶2，圆体，束口，弧腹，两侧对称置环耳，平底，圈足。外腹除耳部外装饰蟠虺纹带一周三层，间以范线分隔，足部装饰一周绳索纹。器身有垫片。足内可见范芯。口径10.8～11.4、耳间距13.9、高6.4厘米（图2-1-15；图2-1-16，1、2；图版二二）。

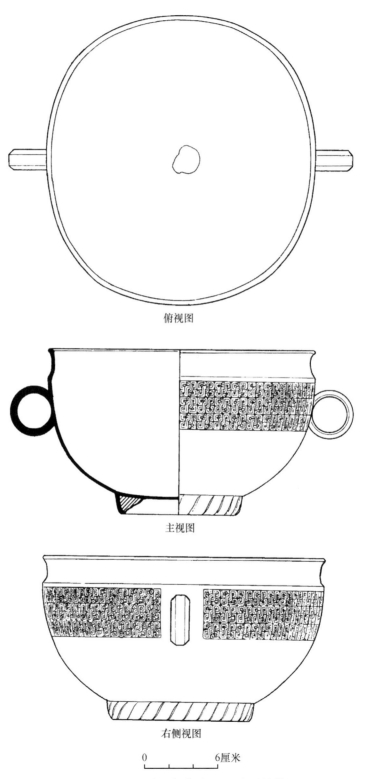

俯视图

主视图

右侧视图

0　　　　　　6厘米

图2-1-15　M4出土铜舟（M4∶2）及纹饰

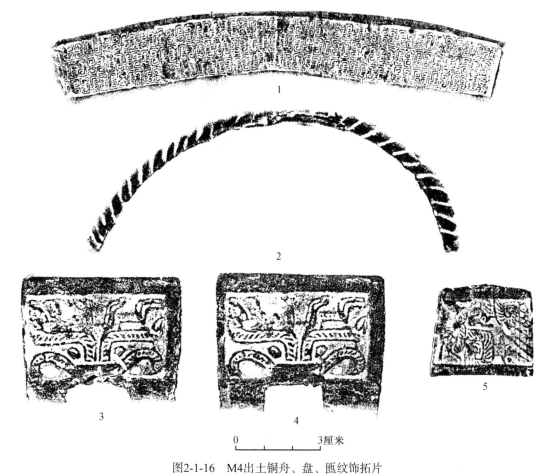

图2-1-16　M4出土铜舟、盘、匜纹饰拓片

1.舟腹部（M4：2）　2.舟圈足（M4：2）　3.盘左耳（M4：4）　4.盘右耳（M4：4）　5.匜流部（M4：3）

盘　1件。M4：4，敞口，出沿，口沿下对称附双耳，耳外撇，浅腹，平底，下承三蹄足。耳部装饰牛头兽面。盘底有范线及修补痕。双耳镶嵌于盘腹。盘底可见多处垫片。口径35.6、耳间距42.3、通高11.5厘米。容积3.3升（图2-1-16，3、4；图2-1-17；图版二三）。

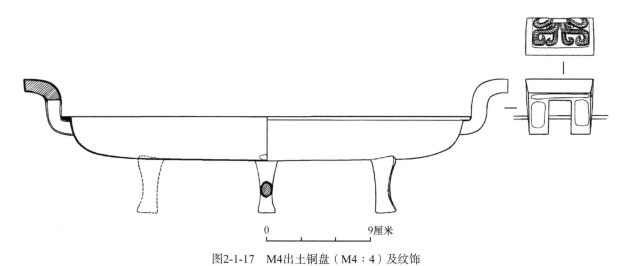

图2-1-17　M4出土铜盘（M4：4）及纹饰

匜　1件。M4：3，椭身，出流，封口，环耳錾，底承三蹄足。口部上方饰螭龙纹。器身及底部可见范线。通长28、通高8.6厘米（图2-1-16，5；图2-1-18；图版二四）。

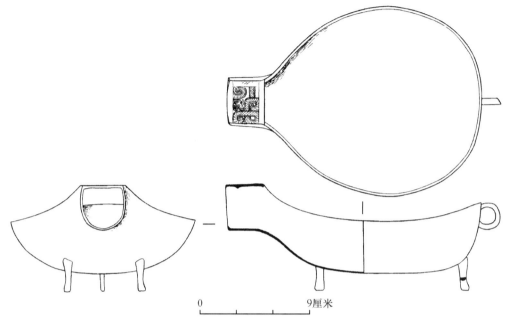

图2-1-18　M4出土铜匜（M4：3）及纹饰

车軎　1套2件。成对，带辖。軎体为十六棱圆筒形，较矮，一端出宽缘，近缘处两端各有一长方形穿孔，孔中贯辖，辖首尾端各有一穿。素面。M4：14-1，軎长3.1、径4.2、缘径6.1、辖长6.8厘米（图2-1-19，1；图版二五，1左）。M4：14-2，軎长3.1、径4.2、缘径6.1、辖长6.9厘米（图2-1-19，2；图版二五，1右）。

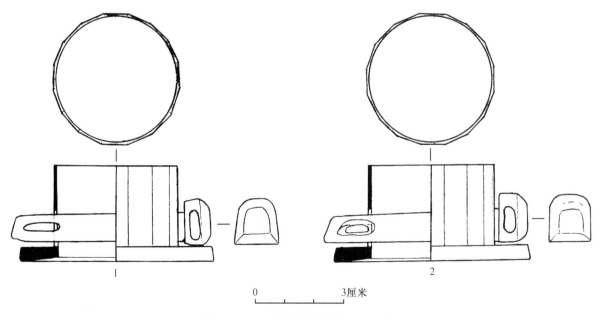

图2-1-19　M4出土铜车軎（M4：14）

1. M4：14-1　2. M4：14-2

2. 陶器

见有罐和壶。

罐　1件。M4：10，残，复原。敞口，短束颈，圆肩，弧腹内收至底，底略内凹。素面。泥质灰陶，较硬。口径4.2、底径2.4、肩径5.8、高4.7厘米（图2-1-20；图版二五，2）。

壶　2件。残，复原。器型相同，皆高领折肩。直口，平出沿，边缘起棱，长束颈，折肩，斜直腹，平底。器腹局部拍印绳纹。泥质灰陶，较硬，夹杂较多白砂粒。M4：11，口径7、肩径10.4、高12.7厘米（图2-1-21，1；图版二六，1）。M4：12，口径6.9、肩径10、高12.4厘米（图2-1-21，2；图版二六，2）。

0　　　　　　　3厘米

图2-1-20　M4出土陶罐（M4：10）

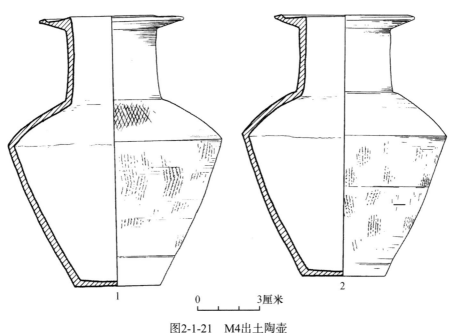

1　　　0　　　　3厘米　　　2

图2-1-21　M4出土陶壶
1. M4：11　2. M4：12

3. 金器

圆形饰　1件。M4：15，残损。圆形，甚薄。正面细线阴刻有蟠螭纹，背面光素。捶揲而成。径约7.2厘米（图2-1-22，1；图版二七，3）。

4. 骨器

骨管　1件。M4：1，圆柱体，中空。素面。器表光滑。两端有切割痕。长3、径2.6厘米（图2-1-22，2；图版二七，2）。

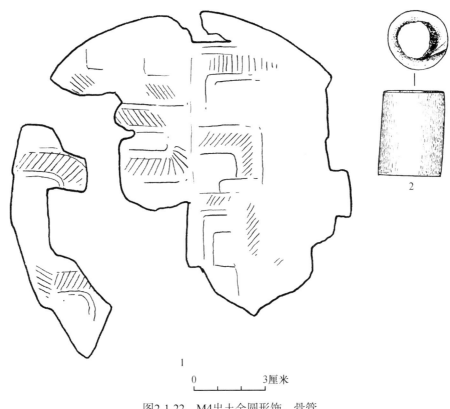

0　　　　　3厘米

图2-1-22　M4出土金圆形饰、骨管

1. 金圆形饰（M4：15）　2. 骨管（M4：1）

5. 石器

石圭　约11件。M4：13，皆残。扁体，一端方形，一端出三角尖。素面。石质较酥软，个体不成形，较难剥离，青灰色板岩。标本M4：13-1，残长4.5厘米。标本M4：13-2，残长10.2厘米。标本M4：13-3，长11.8、宽0～1.9、厚0.8厘米。标本M4：13-4，残长7.7、宽1.6、厚0.6厘米。标本M4：13-5，长10.5、宽0～1.8、厚0.7厘米。标本M4：13-6，长9.8、宽0～1.9、厚0.5厘米。标本M4：13-7，残长12.5、宽1.7、厚0.7厘米（图2-1-23；图版二八）。

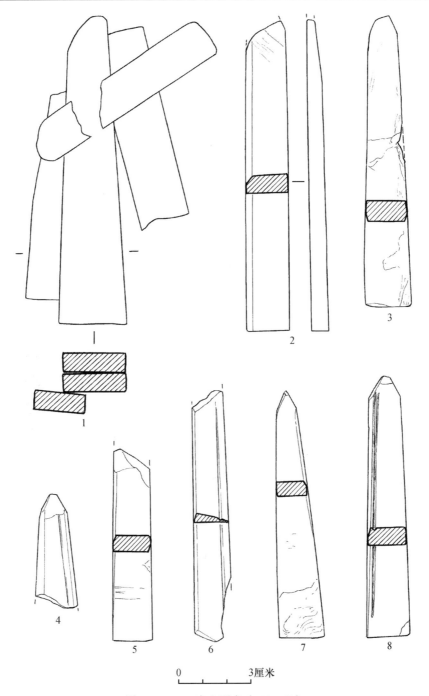

图2-1-23　M4出土石圭（M4∶13）

1. M4∶13-8～M4∶13-11　2. M4∶13-7　3. M4∶13-3　4. M4∶13-1　5. M4∶13-4　6. M4∶13-2　7. M4∶13-6　8. M4∶13-5

6. 漆器

不明器型　1件。M4∶5，残，不可复原。不规则长体，变形严重，形制无法辨识。器表饰朱、黑两漆，隐约可见蟠螭纹。器身附着数根扁长条竹木器，呈尺形，一面细线阴刻波状折线纹，线条规矩。漆器残长约100厘米；尺形竹木器，残长大于7、宽0.5、厚0.2厘米（图版二七，1）。

第二节　M6

一、墓葬形制

M6位于发掘区内西北，南距M5约1.7米，东距M7约1.6米，其上被战国至秦墓葬M9打破，开口于第2层下。墓向102°。该墓为东西向竖穴土坑墓，口大底小，墓口6.2米×4.8米，墓底5.2米×4米，距地表深10米。墓内填土为红褐色花土，夹杂钙质结核，较软，未见夯打痕迹，偶见鹅卵石、木炭、青膏泥块等（图2-2-1；图版二九）。

东西墓壁斜直，南北两侧墓壁中间部分略外鼓，墓壁四角内凹，有人为掏挖迹象，上窄下宽。四壁从墓口至二层台以上涂抹一薄层青膏泥，厚约0.3厘米，涂抹均匀，保存较好。抹泥层下墓壁无工具痕，略粗糙，无脚窝等。墓壁与椁之间围以积石二层台，二层台及椁盖板之上有积炭。距地表深7.3米时，墓壁四角开始出现积炭层，因中间部分塌陷，约7.7米深出现，现存高度约0.4米，宽度同二层台，原宽为0.35米，现最宽处可达0.8米。椁盖板上木炭层厚5厘米。二层台由大小不一的鹅卵石随意堆砌而成。距地表深7.7米时，四角开始暴露石块，深至8.5米，二层台面全部暴露。二层台原宽35厘米左右，因有塌陷，北侧中部最宽，达85厘米，东中55、南西65、西45厘米。二层台高130厘米（图版三〇）。

二、葬具葬式

葬具为木质两棺一椁，大多朽甚。椁由盖板、立板组成，无底板。榫卯结构，不出头。椁盖已朽，从北壁偏西残存板灰来看，椁盖由20块木板南北平铺而成，每块长2.8、宽0.22米，厚不详，间有缝，内壁髹朱漆。帮板东西叠砌，挡板南北叠砌，厚0.06米，块数及宽度尺寸不详。椁长4.5、宽2.8、高0.9米。

外棺位于椁室内中部偏南位置，内棺置于外棺正中。两棺朽甚，结构不明。外棺长2.35、宽1.1米，内棺长1.9、宽0.65米，高度不详。棺内壁以朱、黑两色漆绘蟠虺纹。人骨保存较差，仅可提取牙齿，遗痕可大致判断为仰身直肢，头东，面上，两手交叉叠置于腹部。墓主人性别、年龄无法测得（图版三〇，2；图版三一，1）。

三、出土器物

共出土各类器物154套上千件，有铜、陶、金、石、骨等。其中，铜容器皆置于棺椁间东，破损较严重，乐器置于棺椁间南偏西，兵器、车马器多置于棺椁间西和东南，陶器位于棺椁间南中，玉石器置于人骨头部和脚端，金器置于棺椁间西南（图版三一～图版三三）。

1. 铜容器

有鼎、豆、敦、鬲、甗、簠、壶、舟、盘、匜、鉴、鍑。

鼎 9件。有盖鼎和无盖鼎两种形制。

盖鼎。5件。依据器盖的不同，又可分两种。

圈形捉手盖鼎。1件。M6∶129，鼎盖圆形，母口，盖面上弧，盖顶置6条蛇身兽首拱起，上接圆圈捉手，以圆形突起连接扣合而成。捉手饰雷纹，盖顶装饰窃曲纹和麻点条带，盖面饰两周蟠螭纹，下接兽面垂叶纹。盖身可见垫片。鼎身子口，微敛，深腹略鼓，腹部上端对称附双耳，微撇，圜底稍平，下承三蹄足。耳部内外及侧面满饰三角雷纹，鼎腹装饰两周宽窄不一蟠螭纹带，间以凸弦纹，下接兽面垂叶纹。器身铸痕明显，耳、足内有范芯。底部有烟炱。盖径24.2、高6.8厘米；鼎口径22.2、耳间距27.9厘米；通高28厘米（图2-2-2～图2-2-4；图版三四～图版三七）。

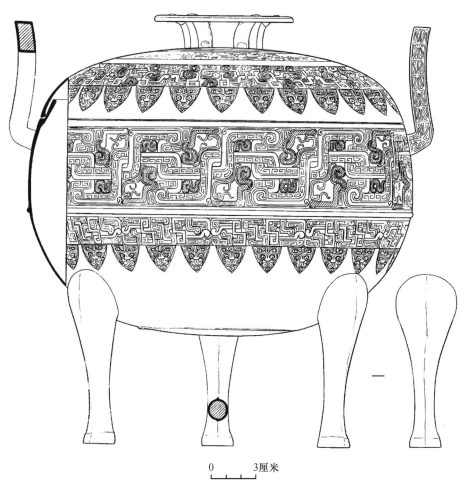

0   3厘米

图2-2-2 M6出土铜鼎（M6∶129）

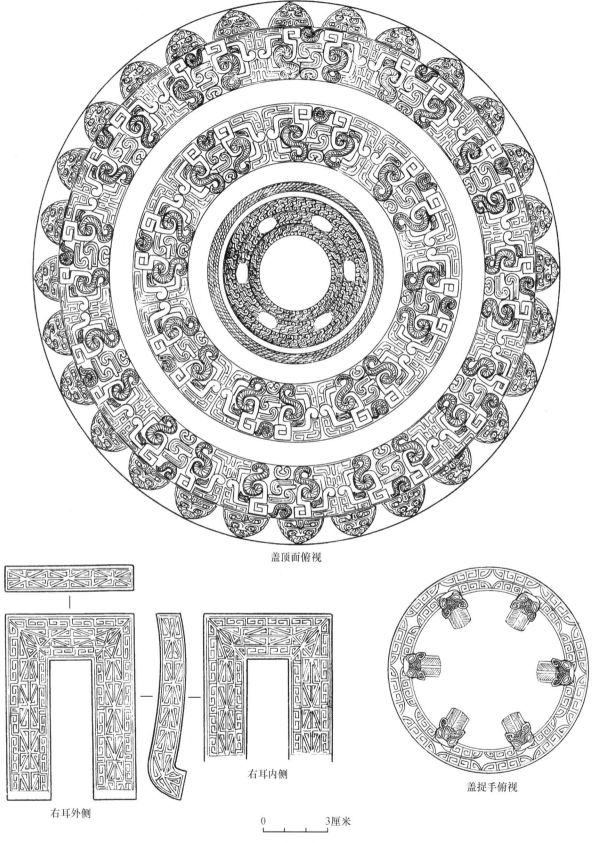

盖顶面俯视

右耳外侧

右耳内侧

盖捉手俯视

0 　　　　 3厘米

图2-2-3　M6出土铜鼎（M6：129）纹饰

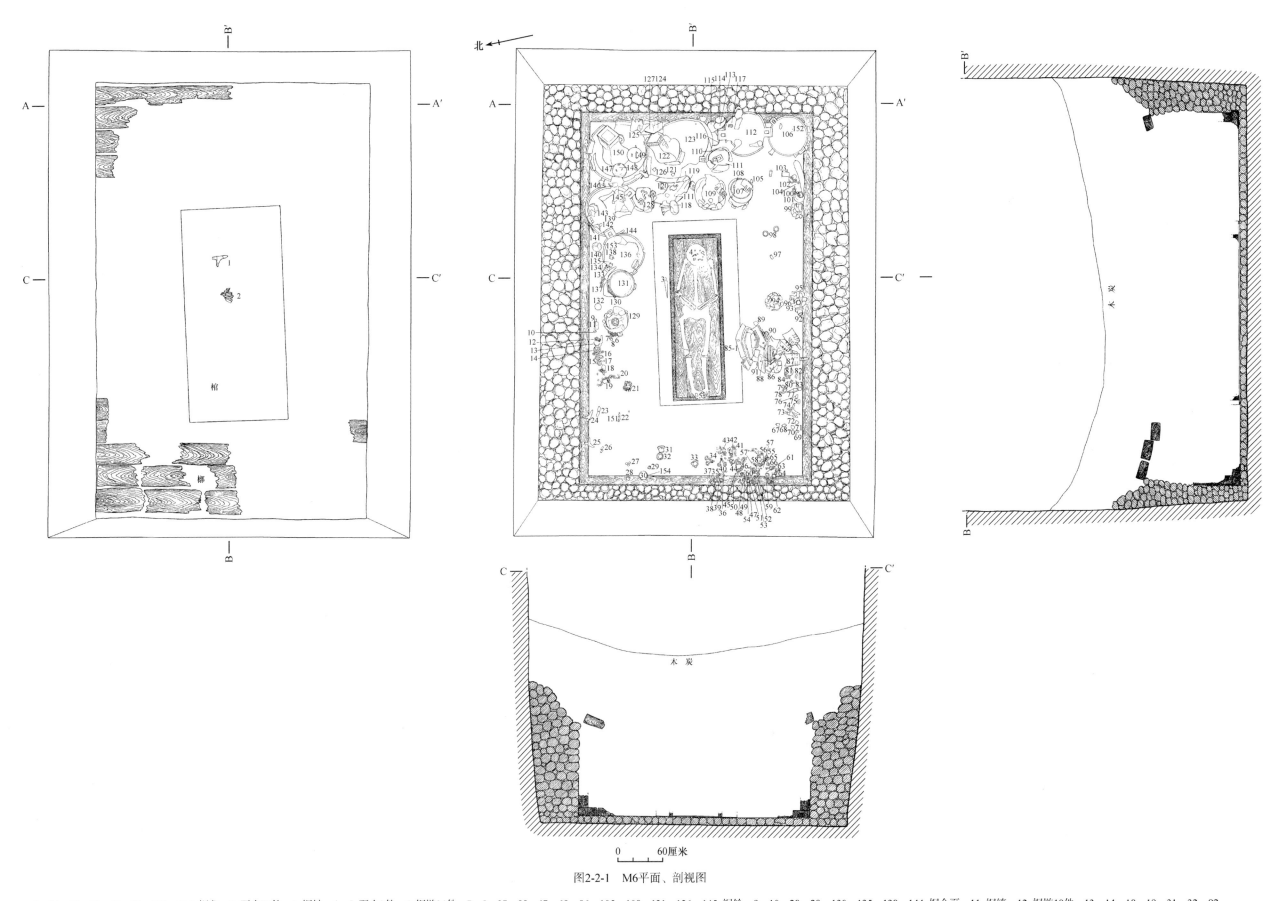

图2-2-1 M6平面、剖视图

1、24、25、73、74、88、133、134.铜戈 2.石圭24件 3.铜镞 4、5.石圭2件 6.铜镞24件 7、8、27、55、67、68、96、105、108、121、126、145.铜铃 9、10、28、29、130、135、138、144.铜合页 11.铜锛 12.铜镞19件 13、14、18、19、31、32、92、93、102、103.铜辖害1套 15、16、34、35、40、43~45、47、49、52、53、56、58~63.铜马衔 17.铜贝6件 20.铜贝15件 21.铜镞38件、镈1件 22、151.铜削刀 23.铜器盖 26.铜扣饰2件 30、132、140~143、146、153.铜泡 33、91、154.铜当卢 36、51、57、64、65.铜带扣 37.骨镳 38.铜圭 39.石尺形器 41.铜贝210件、铜短管1组、骨贝144件 42、46、98.铜环2件 48.骨镳2件 50.铜凿 54.铜锾1件、铜贝1件 66.铜环 69~72、75~80、82、89、90.金饰 81.陶鬲 83.铜长管饰 84.铜贝150件、骨贝32件 85.石磬10件 86、94、95、99、101.陶罐 87.铜甬钟9件 97.石管形饰 100.铜镞16件 104.骨贝49件 106、107、109、110、112、128、129、136、139.铜甗 111.铜匜 113、118、125、127.铜豆 114.铜泡2件 115、120.铜鬲 116.铜舟 117.铜器壁2件 119.铜盘 122、150.铜壶 123、147.铜鉴 124.铜簋 131.铜甂 137.骨贝15件 148、149.铜敦 152.骨贝12件 （注：未标注件数默认为1件）

右耳顶面及侧面

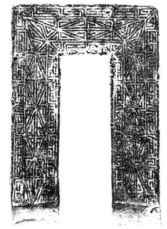

右耳内侧

右耳外侧

盖捉手及顶面

0   3厘米

图2-2-4 M6出土铜鼎（M6：129）纹饰拓片

环纽盖鼎。4件。形制基本相同。鼎盖圆形，母口，盖面上弧，顶竖置三环纽。鼎身子口，微敛，腹部上端对称附双耳，略外撇，深弧腹，圜底，下承三蹄足。器表可见范线等，耳、足内有范芯。M6：107、M6：109、M6：110三鼎大小、纹饰相同。盖顶中央俯卧一兽，周遭围以两周回纹，盖面装饰三周蟠虺纹带，形象有差异，盖沿处饰一周兽面垂叶纹，间有空白。耳部内外及侧面装饰细密蟠虺纹；腹部饰五层蟠虺纹带，下接兽面垂叶纹，间以凸起一周绳索纹。M6：110，盖径30.2、高6.9厘米；鼎身口径28.5、耳间距35.3厘米；通高38厘米（图2-2-5～图2-2-7；图版三八～图版四〇）。

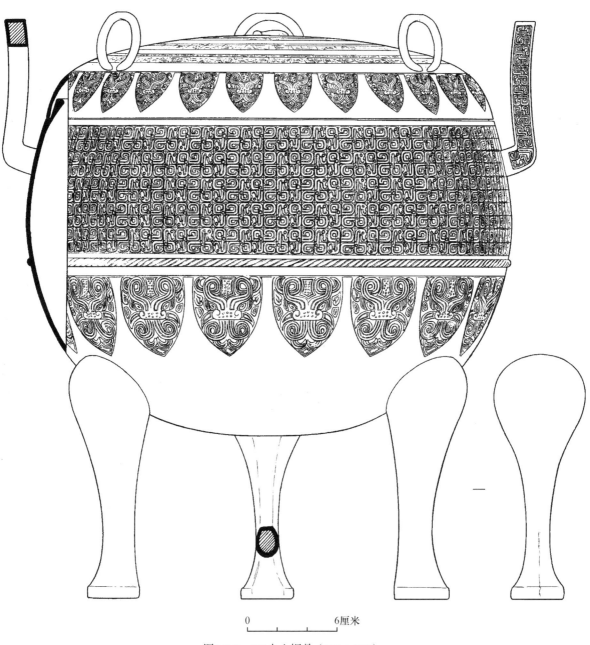

0　　　　　　6厘米

图2-2-5　M6出土铜鼎（M6：110）

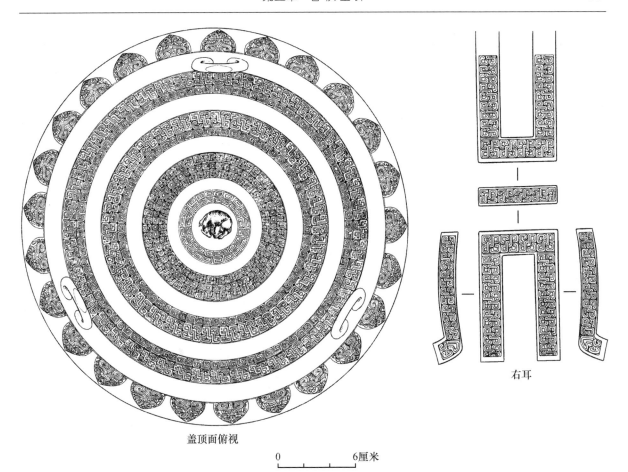

盖顶面俯视

右耳

0   6厘米

图2-2-6 M6出土铜鼎（M6：110）纹饰

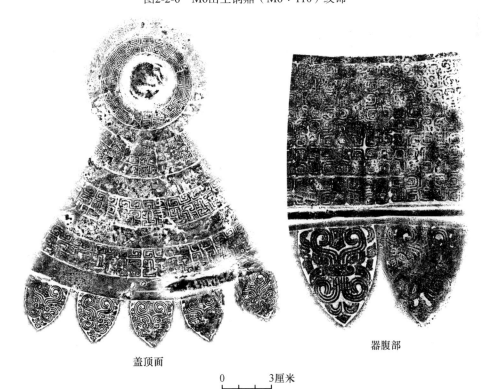

盖顶面

器腹部

0   3厘米

图2-2-7 M6出土铜鼎（M6：110）纹饰拓片

M6：109，盖径30.2、高7厘米；鼎身口径28.3、耳间距36厘米；通高38.9厘米（图2-2-8 ~
图2-2-10；图版四五 ~ 图版四八）。M6：107，盖径30.2、高7厘米；鼎身口径29.8、耳间距36
厘米；通高39.1厘米（图2-2-11 ~ 图2-2-13；图版四一 ~ 图版四四）。M6：128，略小，圜底稍
平。盖顶饰蟠虺纹，盖面饰两周蟠螭纹带。耳部内外饰细密蟠虺纹；腹部饰一周半蟠螭纹带，
间以凸弦纹。盖径25.5、高7.1厘米；鼎身口径24、耳间距30.2厘米；通高29.4厘米（图2-2-14、
图2-2-15；图版四九 ~ 图版五二）。

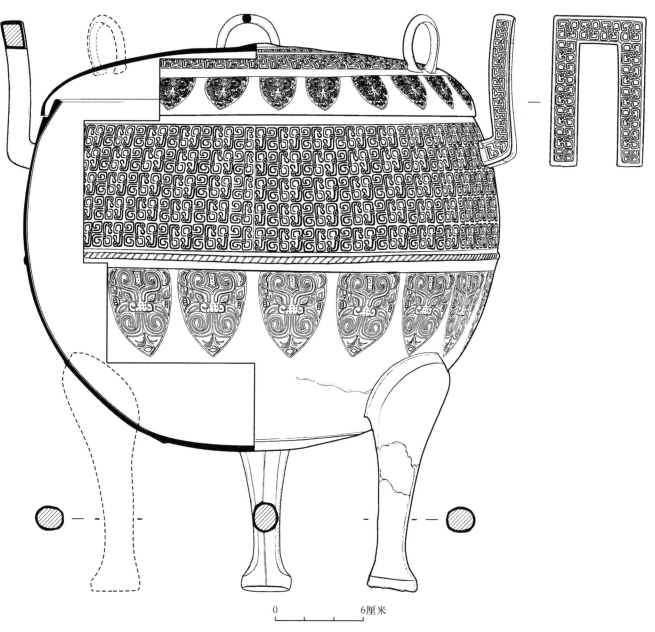

0　　　　　　　　6厘米

图2-2-8　M6出土铜鼎（M6：109）

俯视

仰视

0　　　　　　6厘米

图2-2-9　M6出土铜鼎（M6：109）纹饰

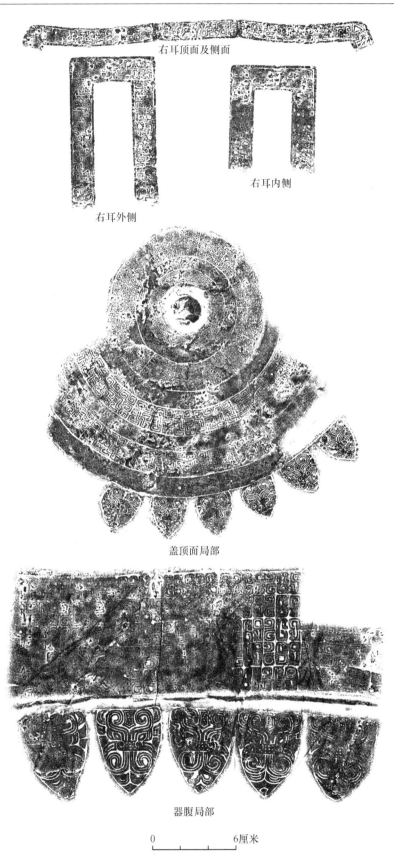

右耳顶面及侧面

右耳内侧

右耳外侧

盖顶面局部

器腹局部

0　　　　　　　6厘米

图2-2-10　M6出土铜鼎（M6：109）纹饰拓片

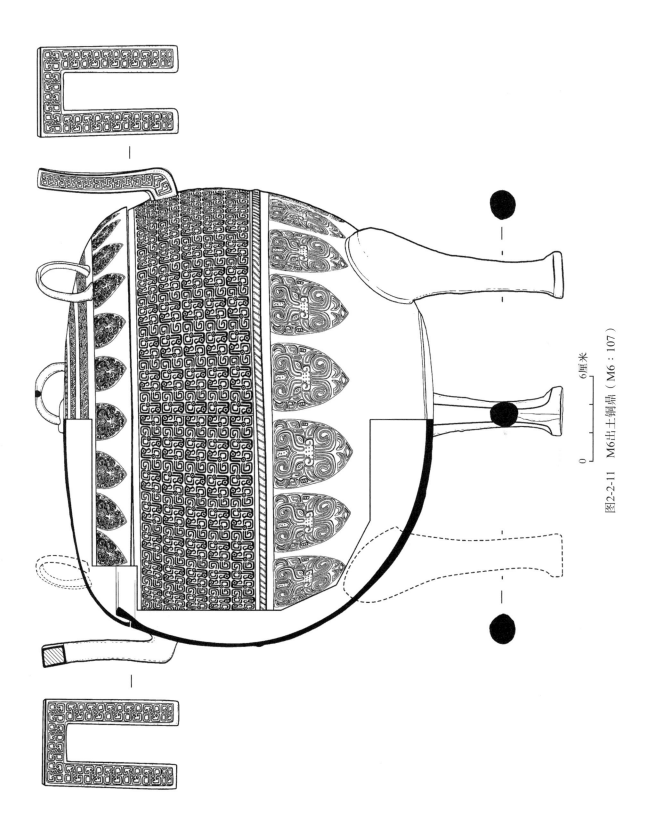

图2-2-11 M6出土铜鼎（M6 : 107）

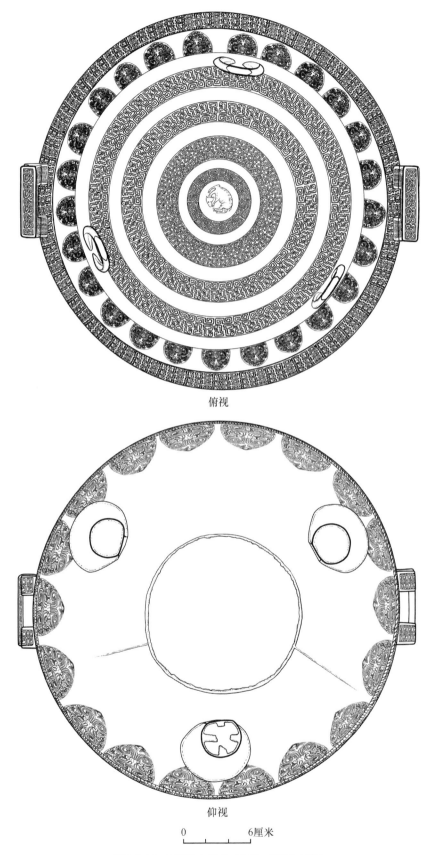

俯视

仰视

0   6厘米

图2-2-12　M6出土铜鼎（M6：107）纹饰

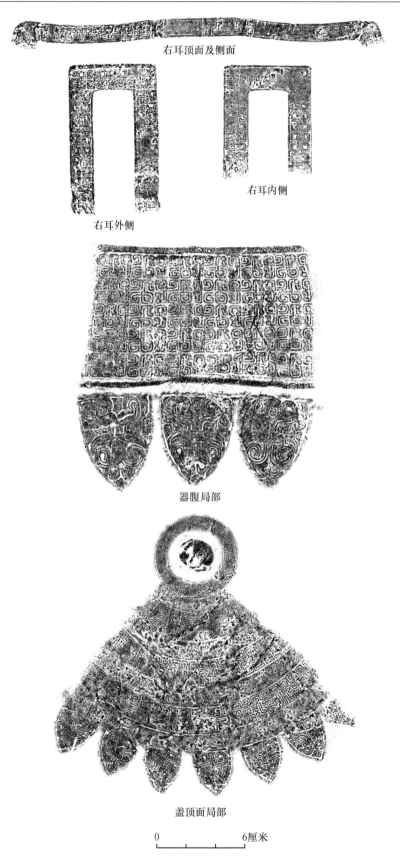

右耳顶面及侧面

右耳外侧

右耳内侧

器腹局部

盖顶面局部

0　　　　　　6厘米

图2-2-13　M6出土铜鼎（M6：107）纹饰拓片

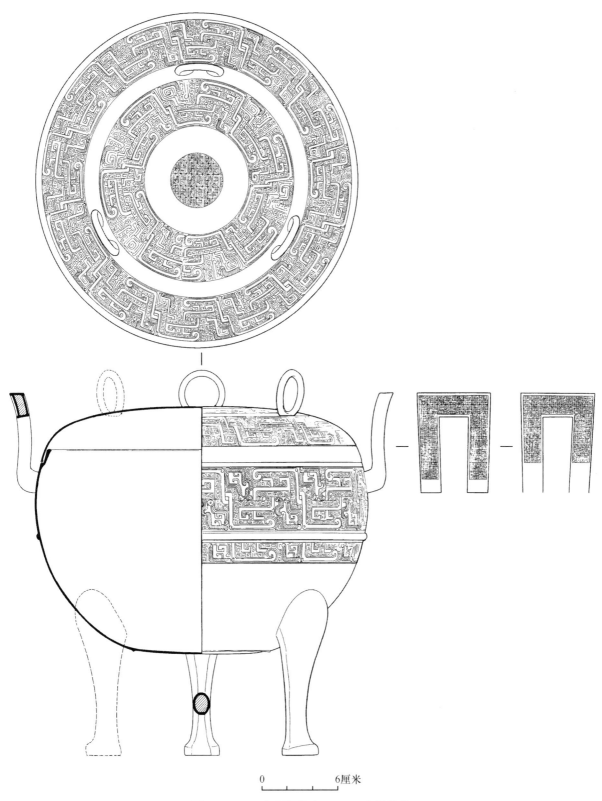

0　　　　　　　6厘米

图2-2-14　M6出土铜鼎（M6：128）及纹饰

盖顶面

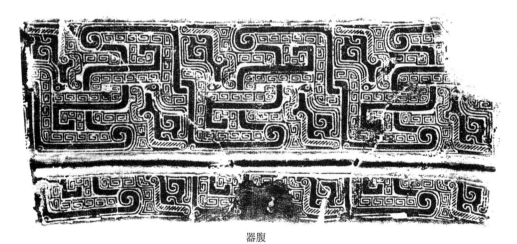

器腹

0   6厘米

图2-2-15 M6出土铜鼎（M6：128）纹饰拓片

　　无盖鼎。4件。形制相同，大小、纹饰有别。器型较大，口微敛，平折沿，立耳外撇，深弧腹，圜底稍平，下承三兽蹄足。器表可见范线及修补痕等，底部多有烟炱。M6：106、M6：112、M6：136三鼎纹饰相同，腹部从上至下装饰蟠虺纹带一周三层、凸弦纹及兽面垂叶纹带，耳部内外两侧饰细密蟠虺纹。M6：106，口径46.5、耳间距54.8、通高48厘米（图2-2-16、图2-2-17；图版五三～图版五五）。M6：136，口径52.3、耳间距58.6、通高50.9厘米（图2-2-18～图2-2-20；图版五六～图版五八）。M6：112，口径53.8、耳间距60、通高53.3厘米（图2-2-21～图2-2-23；图版五九～图版六一）。M6：139，腹部纹饰基本同前，唯下层纹饰以一周半蟠虺纹带替代了兽面垂叶纹。口径49.9、耳间距53.8、通高48厘米（图2-2-24～图2-2-26；图版六二～图版六四）。

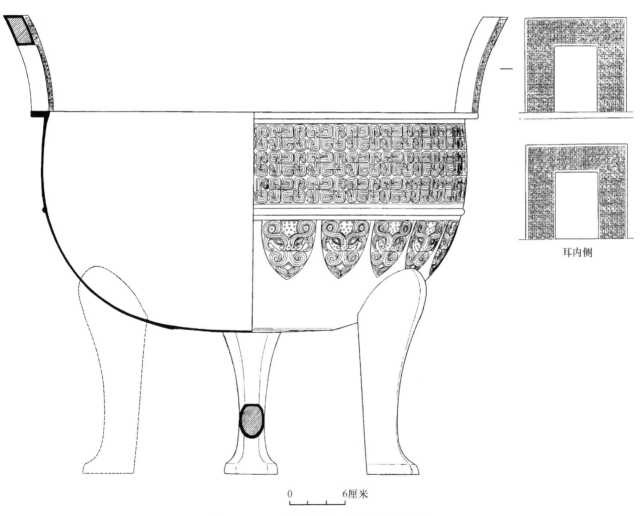

耳内侧

0　　　　6厘米

图2-2-16　M6出土铜鼎（M6：106）及纹饰

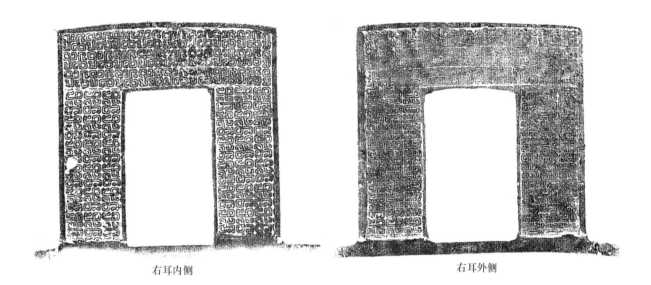

右耳内侧　　　　　　　　　　　　　　右耳外侧

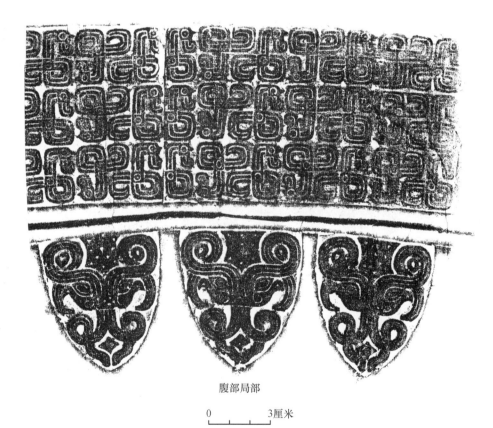

腹部局部

0　　　　3厘米

图2-2-17　M6出土铜鼎（M6：106）纹饰拓片

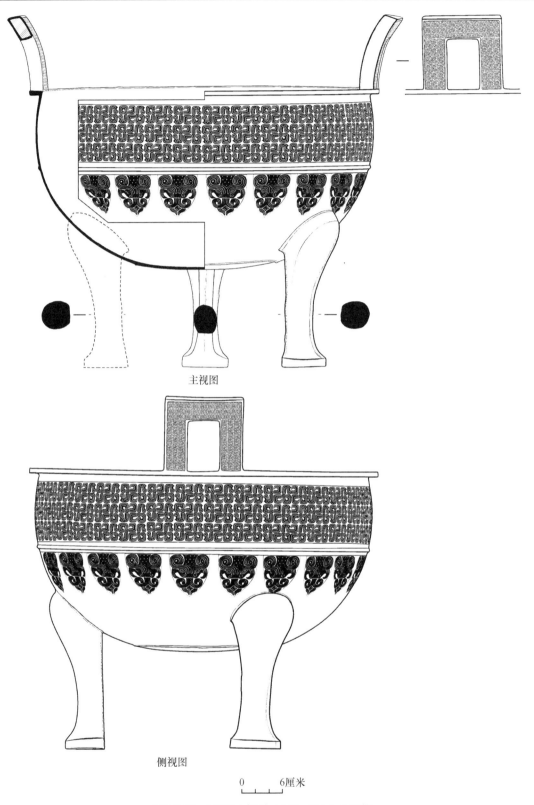

主视图

侧视图

0 ⸻ 6厘米

图2-2-18　M6出土铜鼎（M6：136）及纹饰

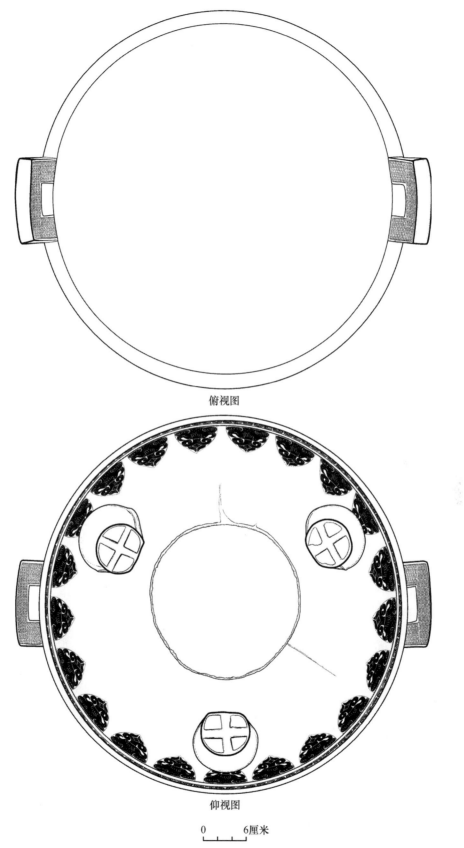

俯视图

仰视图

0　　　6厘米

图2-2-19　M6出土铜鼎（M6：136）

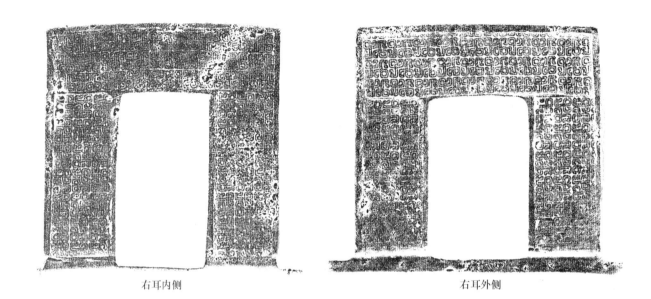

右耳内侧　　　　　　　　　　　　　　　　右耳外侧

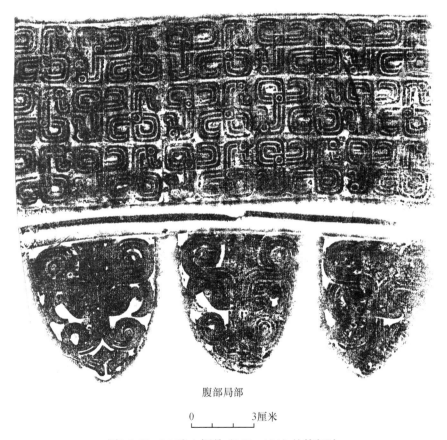

腹部局部

0 ———— 3厘米

图2-2-20　M6出土铜鼎（M6：136）纹饰拓片

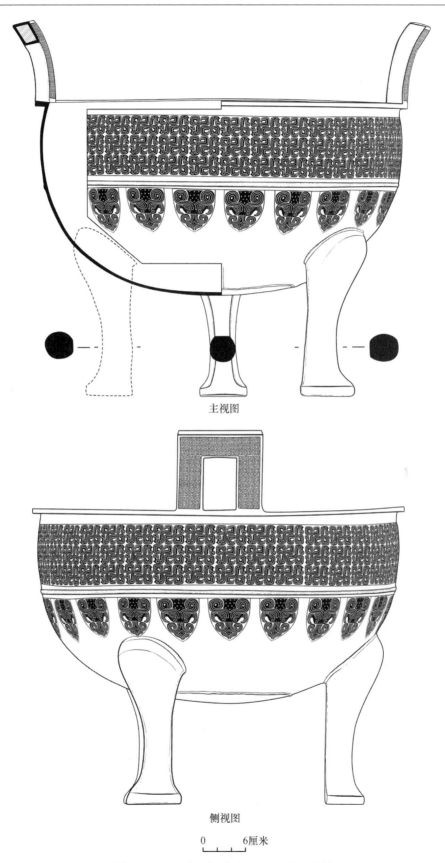

主视图

侧视图

0   6厘米

图2-2-21 M6出土铜鼎（M6∶112）及纹饰

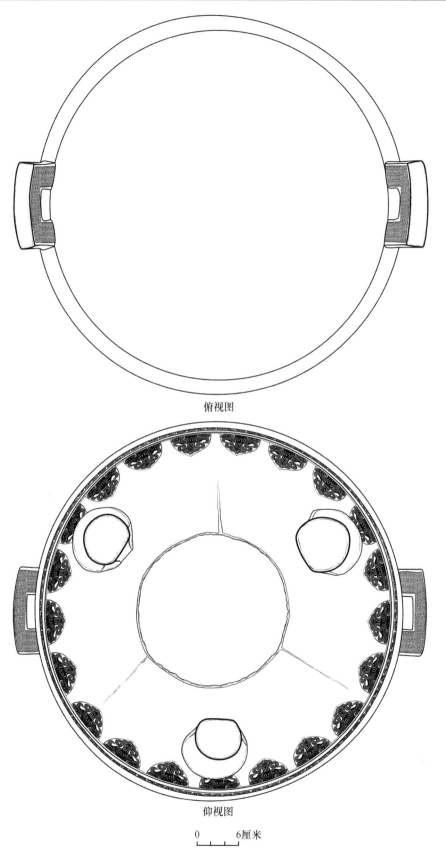

俯视图

仰视图

0 ⊢⊢⊢⊢ 6厘米

图2-2-22　M6出土铜鼎（M6：112）俯视、仰视图

右耳外侧

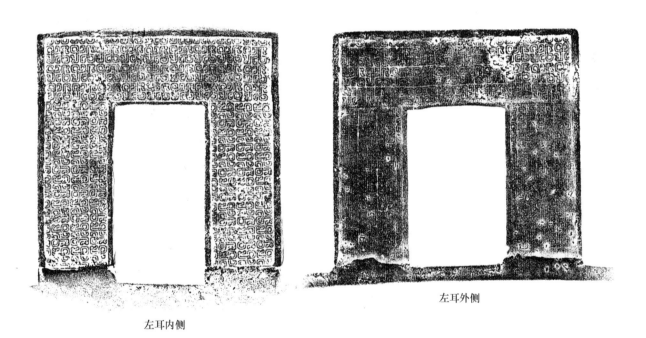

左耳内侧

左耳外侧

0 　　 3厘米

图2-2-23　M6出土铜鼎（M6：112）纹饰拓片

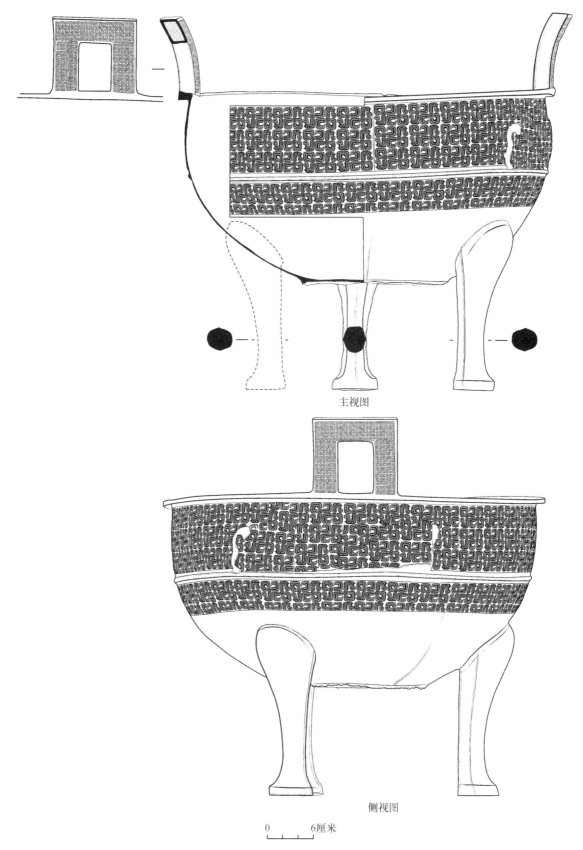

主视图

侧视图

0　　　6厘米

图2-2-24　M6出土铜鼎（M6：139）及纹饰

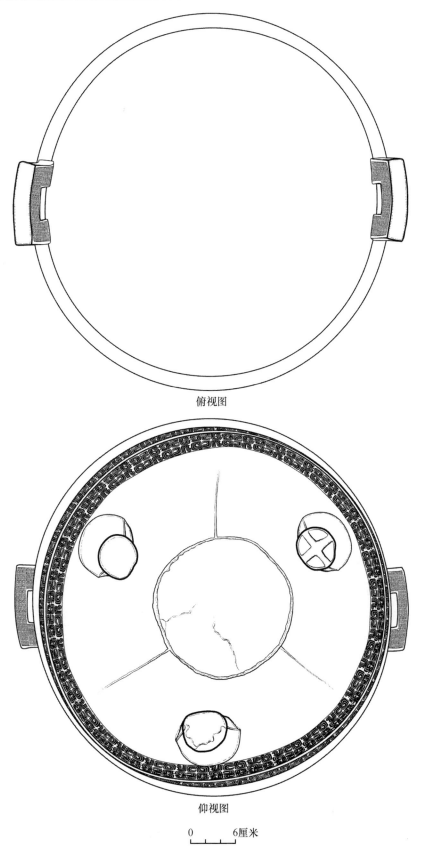

俯视图

仰视图

0　　　6厘米

图2-2-25　M6出土铜鼎（M6∶139）俯视、仰视图

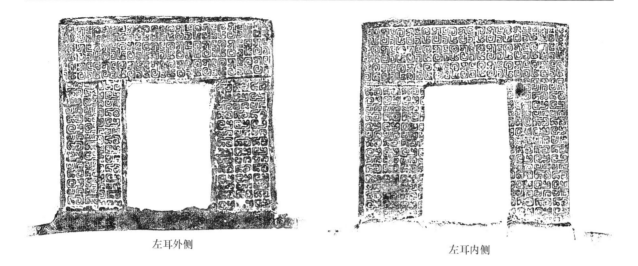

左耳外侧　　　　　　　　　　　　　　　　　　　左耳内侧

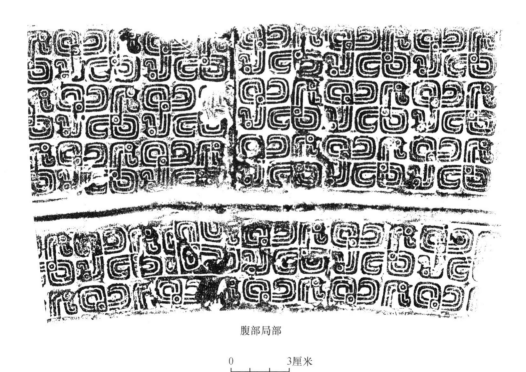

腹部局部

0 ⊢——⊣ 3厘米

图2-2-26　M6出土铜鼎（M6：139）纹饰拓片

豆　4件。有深腹方座和浅腹圆座两种形制。

深腹方座豆。2件。皆素面。形制、大小基本相同。窄平折沿，深腹较圆，腹部上端近口沿处对称置小鼻纽，平底，高圆柱柄，方形喇叭座。M6∶113，锈蚀较重，仅豆盘外底可见垫片。豆盘内外壁及足柄和底座外壁，皆可见横向打磨痕。豆盘口沿，外底可见合范线痕，底座内侧残留范芯。足柄下部一周均匀分布5处长方形芯撑孔，个别穿透，形成长方孔。口径19.7、底座径11、通高19.9厘米（图2-2-27；图版六七）。M6∶125，豆盘底部中央有一圆形突起，与足柄以锡焊接。豆盘腹部从上至下均匀分布三周垫片，形状大多不规则，个别略呈长方形。豆盘底部可见内外两周近方形垫片，分布较均匀。豆盘内外壁及方座外壁可见打磨痕，足柄外壁则为纵向打磨痕，余未经打磨。豆盘口沿，外底可见合范线痕，底座内侧残留范芯。口径20、底座径11.2、通高20厘米（图2-2-28；图版六五、图版六六）。

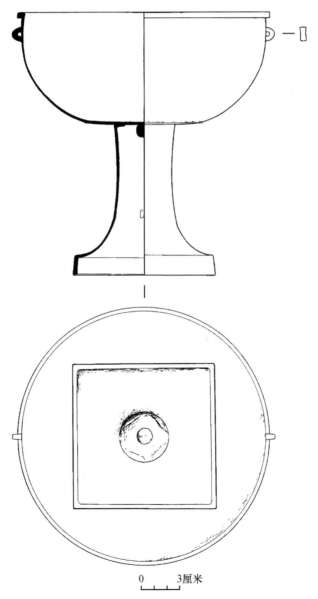

0　　　3厘米

图2-2-27　M6出土铜豆（M6∶113）

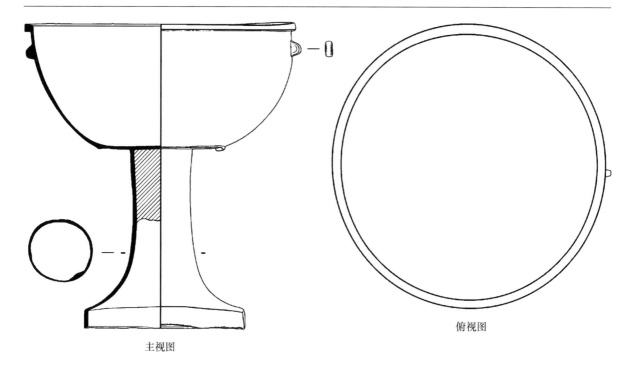

主视图 俯视图

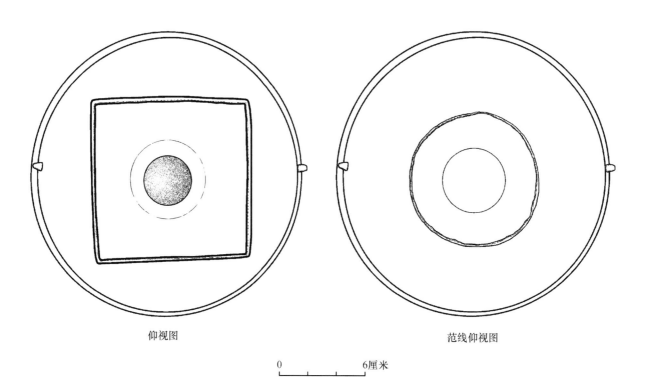

仰视图 范线仰视图

0   6厘米

图2-2-28 M6出土铜豆（M6：125）

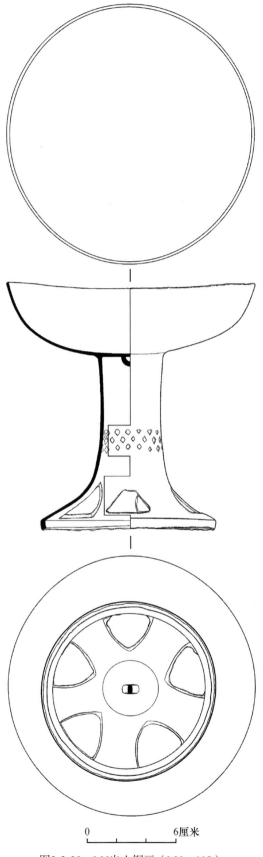

图2-2-29 M6出土铜豆（M6：118）

浅腹圆座豆。2件。形制、大小形同。敞口，浅弧腹，底部略弧，盘外底中心置一鼻纽状系，下承以高柄喇叭状圆座，矮圈足。足柄中部装饰上下三四层小菱格形镂孔，交错相间，底座则装饰5个大三角形镂孔。器表可见打磨痕迹及垫片。M6：118，柄端与豆盘相接处，向内平出4处台面用于承盘焊接。足柄装饰三层菱格镂孔。口径17.2、足径11.8、通高16.2厘米（图2-2-29；图版六八）。M6：127，柄端与豆盘相接处，向内平出3处台面用于承盘焊接。足柄装饰四层菱格镂孔。口径18、足径11.6、通高15.4厘米（图2-2-30；图版六九）。

敦　2件。形制、纹饰、大小等特征基本相同。整体呈扁圆球形，由盖和身两部分组成。器盖母口，盖面上弧，顶部均匀竖置三环形纽。器身子口，窄平折沿，腹部略扁，圜底稍平，口沿下两侧对称置扁圆环耳，下承三蹄足。盖顶饰细密蟠虺纹条带一周三层及麻点纹带一周，盖身饰细密蟠虺纹带两周，上三层，下两层，器腹饰细密蟠虺纹带一周六层。盖顶

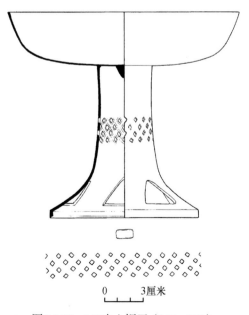

图2-2-30 M6出土铜豆（M6：127）

内环纽处可见明显镶嵌接痕，盖顶外隐约可见三条范线，器身外腹有两条，通体光洁，打磨痕几乎不见。M6：148，盖口径20.2、器身口径19.2、耳间距25.2、通高19.9厘米。容积2.7升（图2-2-31；图2-2-32，2；图版七三、图版七四）。M6：149，出土时器内满盛积水，残留一饼形食物，状如蛋挞，已经送检。盖口径20.3、器身口径19.3、耳间距26、通高18.9厘米（图2-2-32，1；图2-2-33；图版七〇~图版七二）。

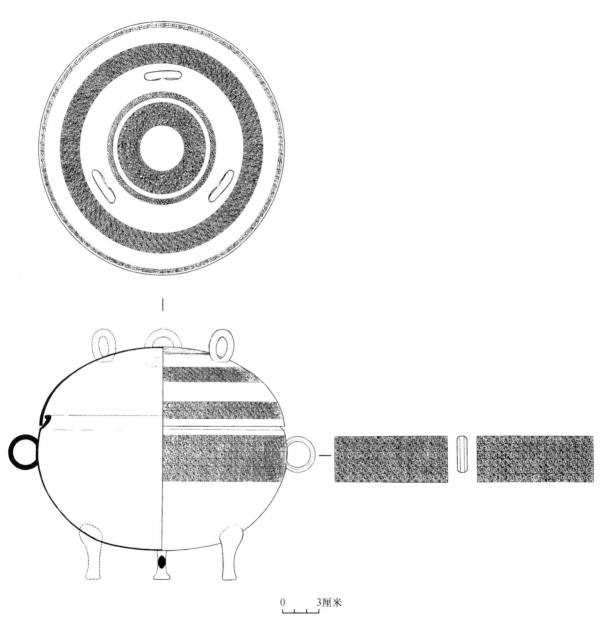

0　　3厘米

图2-2-31　M6出土铜敦（M6：148）

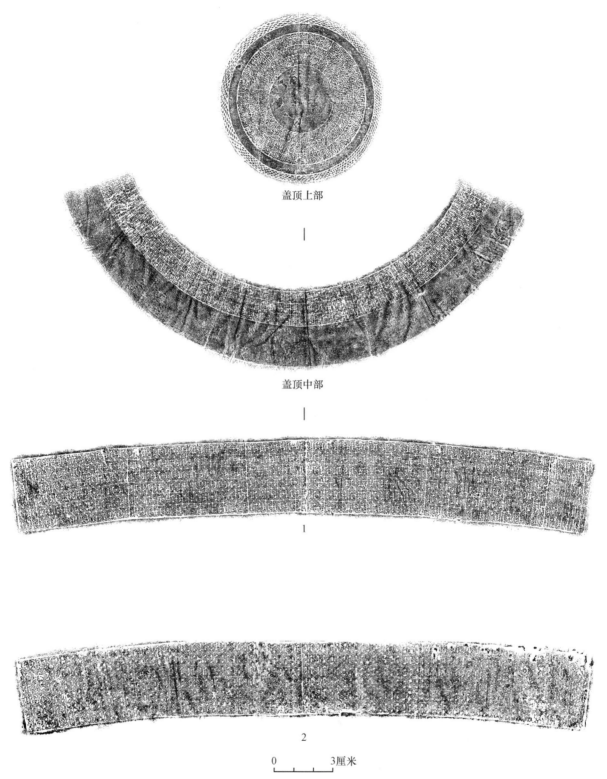

盖顶上部

盖顶中部

1

2

0　　　　3厘米

图2-2-32　M6出土铜敦纹饰拓片

1. M6：149　2. M6：148

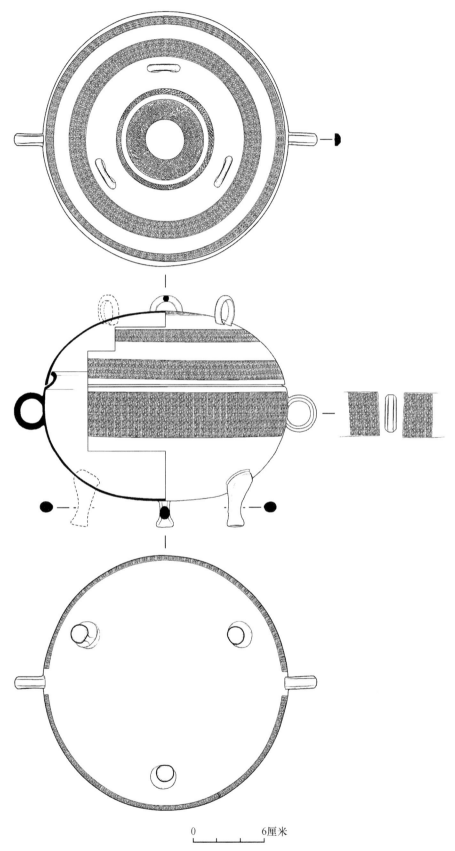

0　　　　　6厘米

图2-2-33　M6出土铜敦（M6∶149）

鬲　2件。皆素面，形制、大小基本相同。窄平折沿，束颈，圆肩，深腹，弧裆，三蹄足。足端范铸痕明显。M6：115，外腹铜锈之上可见残留的细密布纹。口径11.2、高11厘米。容积0.64升（图2-2-34；图版七五、图版七六）。M6：120，腹部可见垫片。口径11.4、高10.7厘米（图2-2-35；图版七七、图版七八）。

甗　1件。M6：131，分体，上甑套入下鬲口内。甑部大口，方唇折沿，束颈，颈部对称附直耳，耳部与口沿有短柱连接，深腹下收，底部置箅，中心"十"字镂空，一周设条形镂空十六眼，呈放射状分布。耳部外侧饰蟠虺纹，耳下颈部饰弦断三角雷纹，颈腹部饰一周两层蟠虺纹带、一周绳索纹及三角垂叶纹。器壁可见垫片及范线，有打磨痕。口径33、耳间距37、底径15、高21.5厘米。容积13.9升。鬲部敞口，方唇，折沿，束颈，圆肩，颈肩处对称置圆纽衔环，连裆，圆足。素面。一足二次修补。底部可见范线。口径19.8、肩径30、高27.3厘米。容积10.5升。甗耳至足通高52.5厘米（图2-2-36～图2-2-38；图版七九～图版八一）。

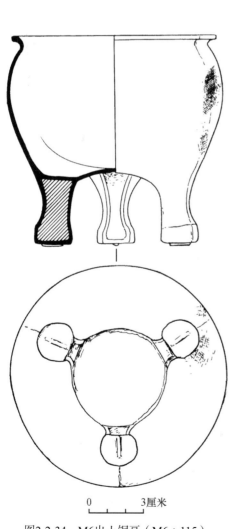

图2-2-34　M6出土铜鬲（M6：115）

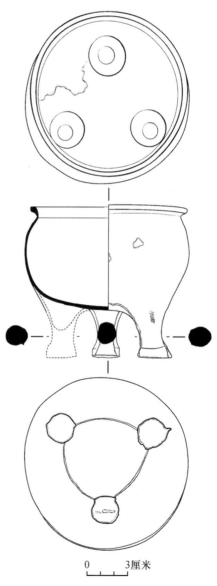

图2-2-35　M6出土铜鬲（M6：120）

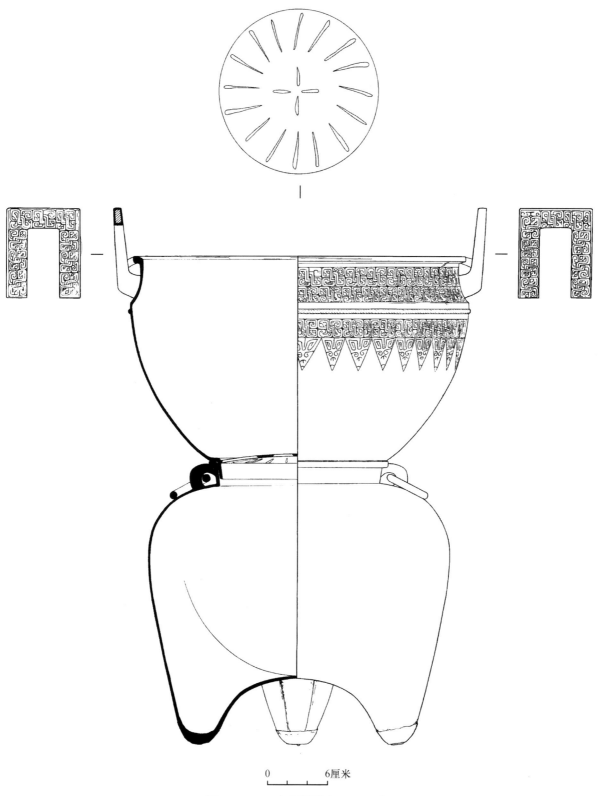

0   6厘米

图2-2-36 M6出土铜甗（M6：131）

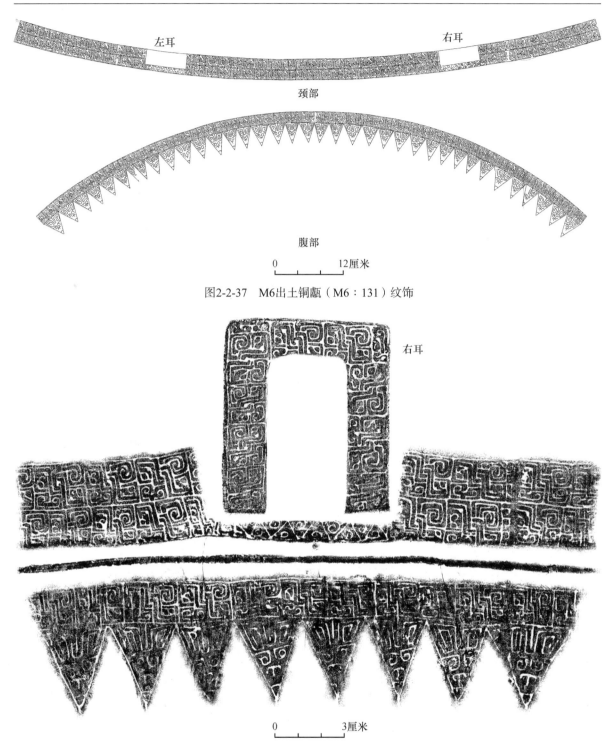

图2-2-37　M6出土铜甋（M6：131）纹饰

图2-2-38　M6出土铜甋（M6：131）纹饰拓片

　　簠　1件。M6：124，盖、身形制、纹饰、制法等完全相同，扣合而成。以盖为例。整体呈长方形篆顶，平折沿，直口微敞，盖面斜起，平顶，盖顶四边镶嵌镂孔花牙，略外撇。盖面及盖顶装饰蟠虺纹数组，余无纹饰。内外壁横向打磨痕明显。局部有修补。盖顶外壁中间有一条纵向范线，内壁四角花牙镶嵌的痕迹明显。盖口长30.5、宽21、盖高8.3、盖身扣合通高16.5厘米（图2-2-39、图2-2-40；图版八二、图版八三）。

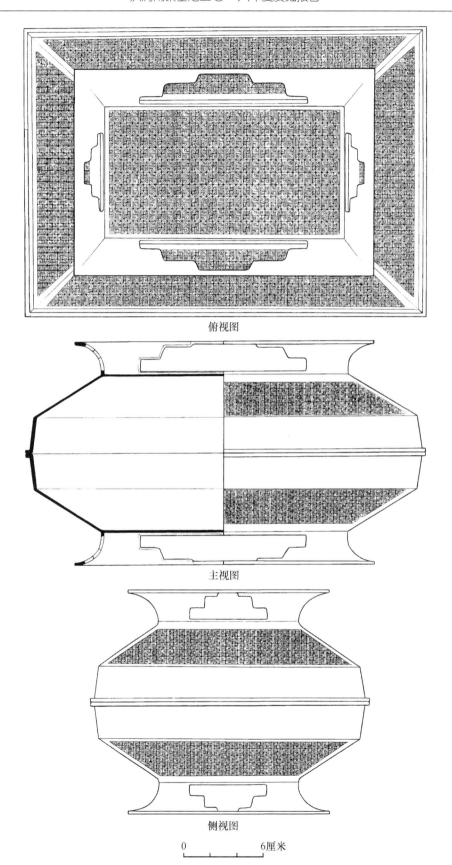

俯视图

主视图

侧视图

0　　　　　6厘米

图2-2-39　M6出土铜簠（M6：124）及纹饰

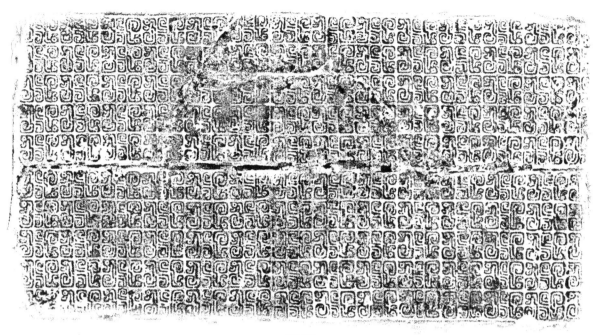

盖顶面

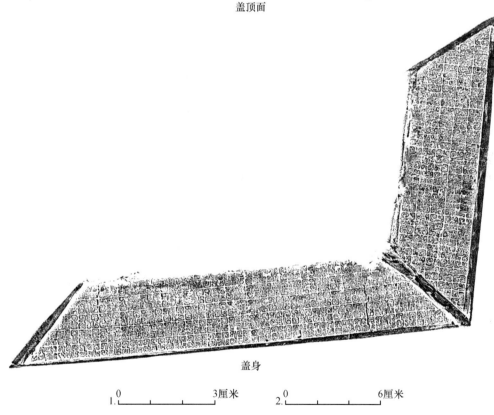

盖身

0   3厘米 0   6厘米
1.   2.

图2-2-40　M6出土铜簋（M6：124）纹饰拓片

　　壶　2件。形制、大小、纹饰等基本相同。方体，有盖。盖中空，截面呈倒梯形，子口，盖体出棱两周。壶体母口，长颈，颈部对称镶嵌兽耳，四曲鼓腹，平底，方形高圈足。素面。兽耳云形双角耸立，倒"八"字眉，杏眼凸目，卷吻。兽耳同壶体相接处留有两镶嵌孔，壶底同圈足处有接痕。圈足顶部每面各有两芯撑孔，共八孔。M6：122，盖口径18、高8.1厘米；壶体口径14.3、耳间距25.4、底径18.5厘米；通高57.2厘米（图2-2-41、图2-2-42；图2-2-43，1；图版八四～图版八六）。M6：150，盖口径13、高8.4厘米；壶体口径14.7、耳间距25.8、底径18.6厘米；通高56.7厘米（图2-2-43，2～图2-2-45；图版八七～图版八九）。

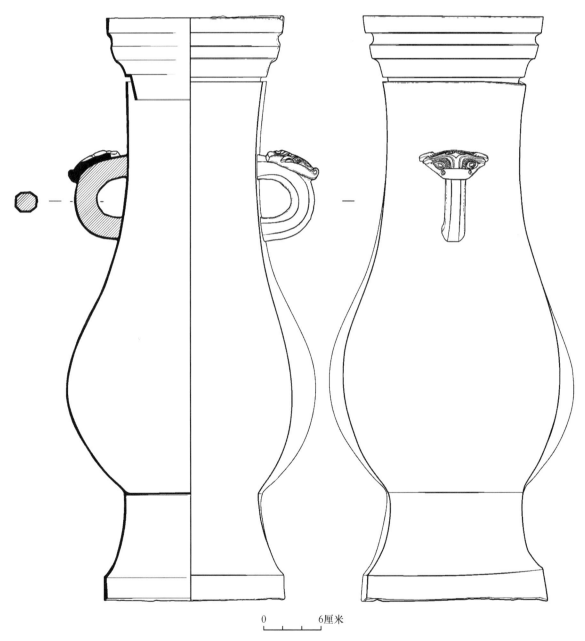

0　　　　6厘米

图2-2-41　M6出土铜壶（M6：122）

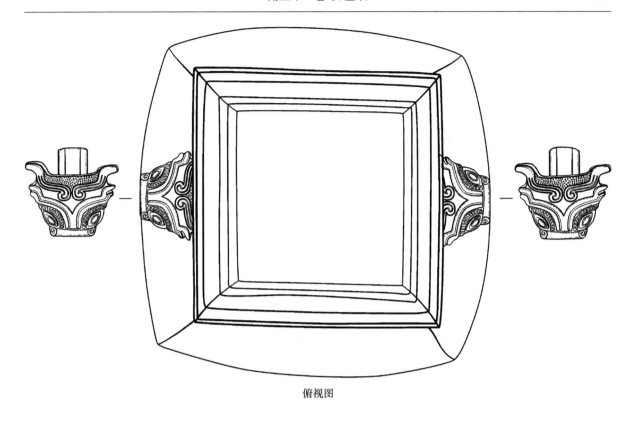

俯视图

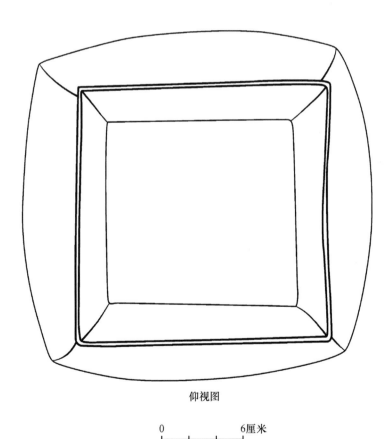

仰视图

0 —————— 6厘米

图2-2-42 M6出土铜壶（M6：122）俯视、仰视图

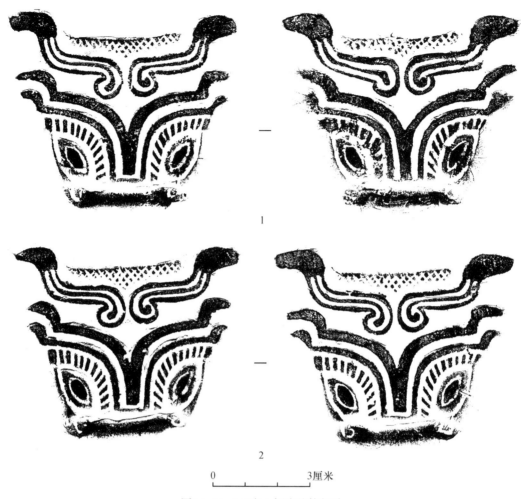

0　　　　　　　　3厘米

图2-2-43　M6出土铜壶纹饰拓片

1. M6：122　　2. M6：150

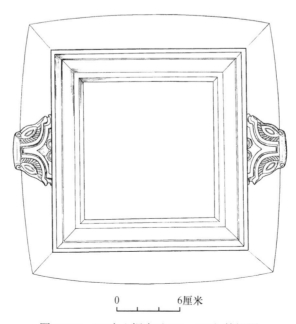

0　　　　　6厘米

图2-2-44　M6出土铜壶（M6：150）俯视图

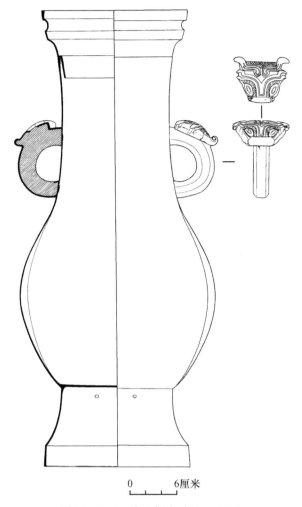

0 6厘米

图2-2-45 M6出土铜壶（M6：150）

舟 1件。M6：116，椭圆体，直口，凸唇，竖腹微鼓，两侧对称置环耳，平底。外腹除耳部外一周装饰五层蟠虺纹带，间以范线分隔，余皆素面。器壁中间纵向范线明显。长17.3、宽14.8、耳间距18.9、高6.6厘米（图2-2-46～图2-2-48；图版九〇、图版九一）。

盘 1件。M6：119，敞口，窄平折沿，浅弧腹，口沿下对称附双耳，耳外撇，平底，下承三蹄足。素面。盘底有范线及修补痕。双耳镶嵌于盘腹，有圆形凸起相连。口径44.9、耳间距52、通高12.2厘米（图2-2-49；图版九二；图版九三，1）。

匜 1件。M6：111，残损严重，流部、鋬部不明，椭圆口，深腹，底较平，蹄足较瘦长。尺寸不详（图版九三，2）。

鉴 2件。器型类似，唯兽纽及纹饰有别。皆宽平沿，上部边缘起棱，束颈，肩稍鼓，深腹，平底稍内凹，浅圈足，肩部对称置4兽首环纽。腹壁可见范线，兽耳同器壁间以饼状突起嵌接并配以锡焊。兽纽背部及口沿内残留褐色范土。M6：147，复原。兽纽呈对称蟠螭形象，桃形耳，圆睛凸目，无衔环。颈部饰首首相对蟠螭纹一周，下接三角雷纹，肩腹部交替装饰首尾相接的蟠螭纹及首首相对的蟠螭纹带共五周，蟠螭纹间上下均匀装饰波点凸起。外底浅圈足

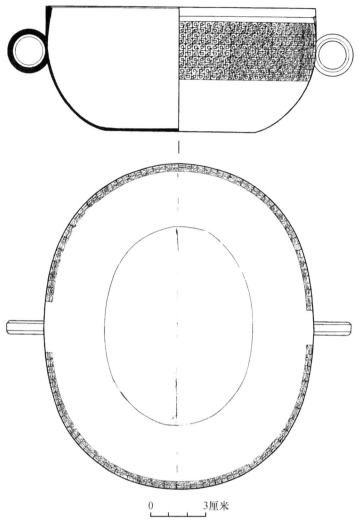

0 ⸻ 3厘米

图2-2-46　M6出土铜舟（M6：116）

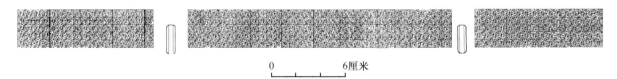

0 ⸻ 6厘米

图2-2-47　M6出土铜舟（M6：116）纹饰展开图

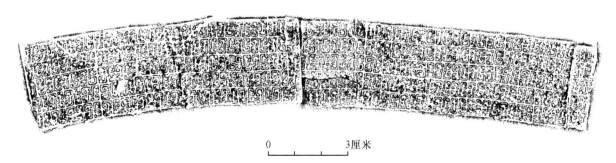

0 ⸻ 3厘米

图2-2-48　M6出土铜舟（M6：116）纹饰拓片

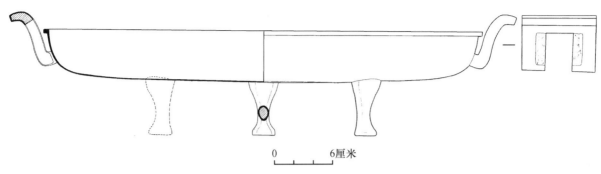

图2-2-49 M6出土铜盘（M6：119）

内接"十"字加强筋。口径76.3、耳间距85.9、高38.4厘米（图2-2-50～图2-2-52；图版九四～图版九七）。M6：123，残损较重。兽纽呈对称龙形，衔圆环，圆环装饰连珠纹及疑似蟠螭纹各一周。颈部饰横向重环纹带一周，下接三角雷纹一周，肩部饰粗绳索纹一周，腹部上下饰一周简化蟠螭纹及一周横向重环纹带。颈部局部修补。尺寸不详（图2-2-53；图版九八，1）。

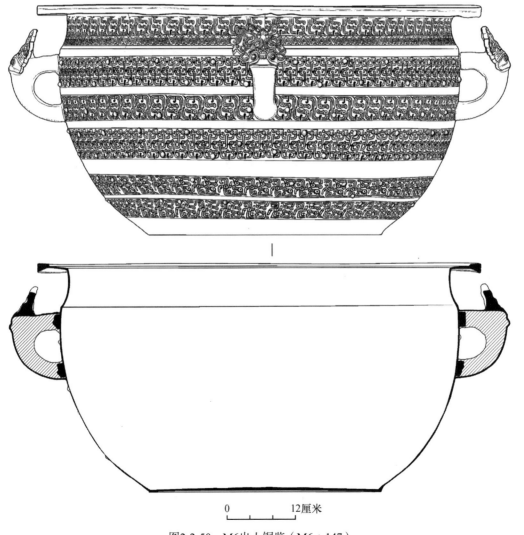

图2-2-50 M6出土铜鉴（M6：147）

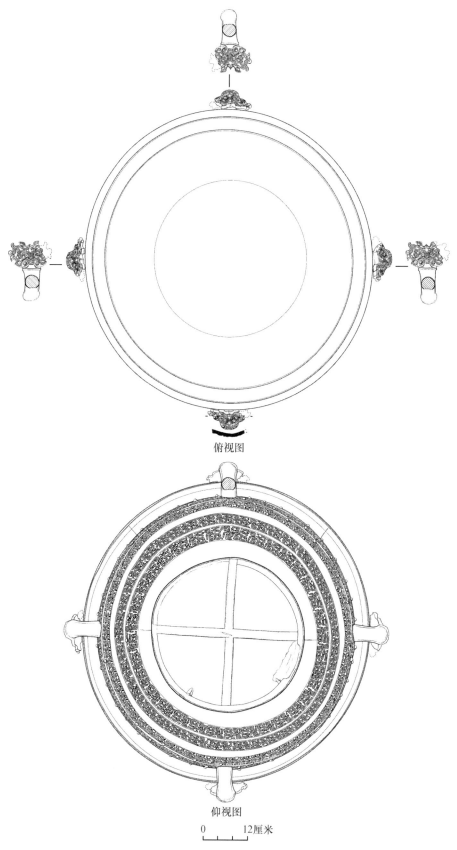

俯视图

仰视图

0 ├──┼──┤ 12厘米

图2-2-51　M6出土铜鉴（M6：147）俯视、仰视图

颈部

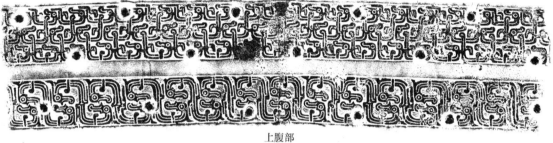

上腹部

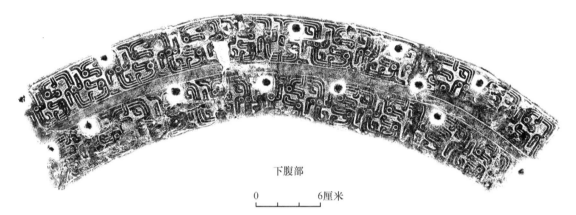

下腹部

0 ⊢——⊣ 6厘米

图2-2-52 M6出土铜鉴（M6：147）纹饰拓片

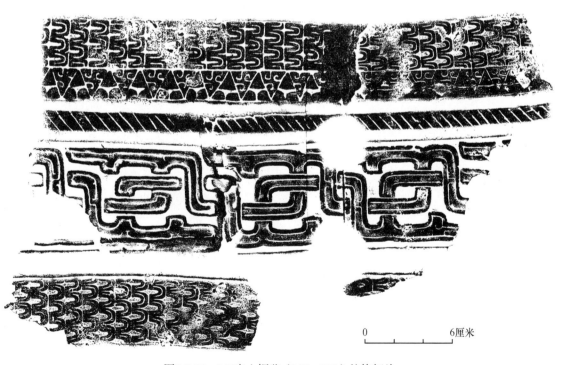

0 ⊢——⊣ 6厘米

图2-2-53 M6出土铜鉴（M6：123）纹饰拓片

　　鍑　1件。M6：54，残损严重，口残。弧腹下收至底，平底，喇叭状高圈足，圈足装饰4个大三角镂孔。出土时内有一铜贝。残腹径6.5、残高5.5、足径4.3厘米，铜贝长2.4厘米（图2-2-54；图版九九）。

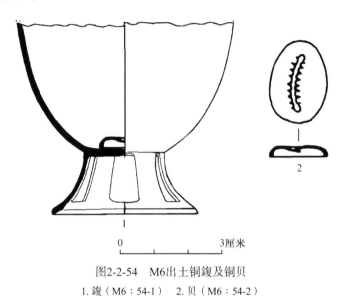

图2-2-54　M6出土铜鍑及铜贝
1.鍑（M6：54-1）　　2.贝（M6：54-2）

　　器盖　1件。M6：23，残存一片，断为两截。口微敛，弧面。器外边缘处装饰兽面垂叶纹一周，存4组，间有空白。口径20厘米（图2-2-55；图版九八，2）。

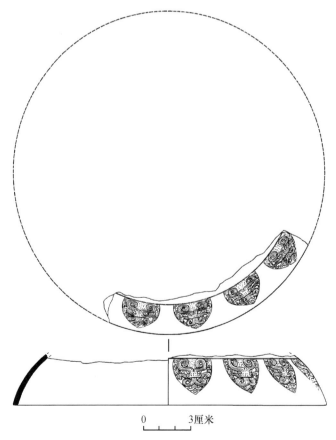

图2-2-55　M6出土铜器盖（M6：23）

2. 铜乐器

　　编钟　9件。器型、纹饰基本一致，大小依次递减。皆甬钟，钟体厚重，腔体偏长，十棱形长柱甬，上小下大，旋上兽首单斡，舞、篆部饰蟠虺纹，鼓部变体蟠螭纹，钲部光素，乳状枚，共四区36枚。舞部两端及近舞部枚间篆部前后各有两窄长方形芯撑孔或痕迹钝角、正背部鼓内唇多有弧形调音槽。钟体通体呈银白色（图版一〇〇）。M6：87-4，通高40.2、铣间距20.6、鼓间距15.3厘米（图2-2-56～图2-2-59，1；图版一〇一～图版一〇三）。

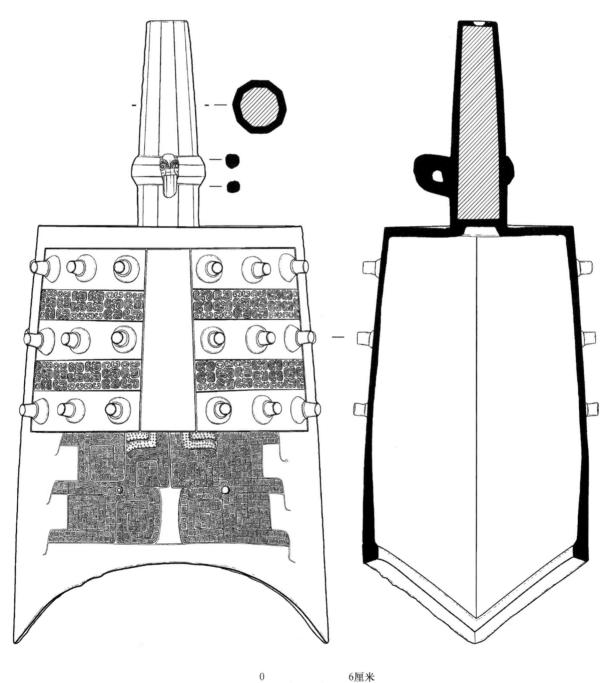

0　　　　　　　6厘米

图2-2-56　M6出土铜钟（M6：87-4）（一）

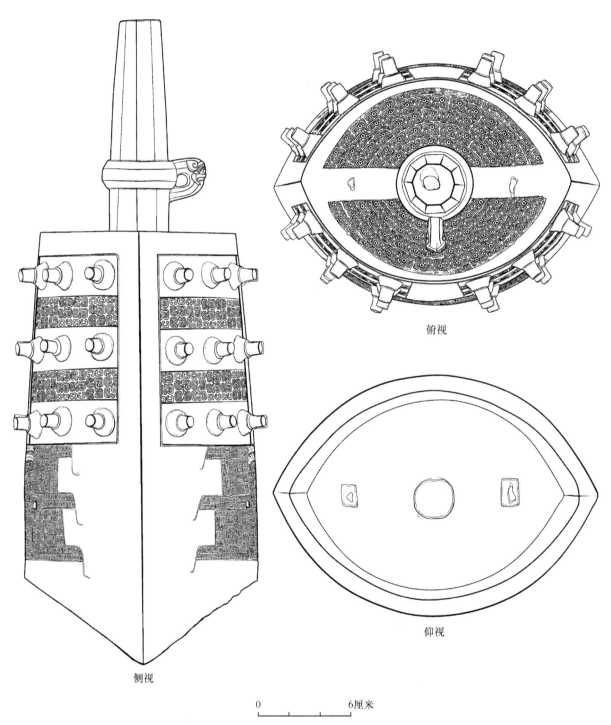

俯视

侧视

仰视

0　　　　　　6厘米

图2-2-57　M6出土铜钟（M6：87-4）（二）

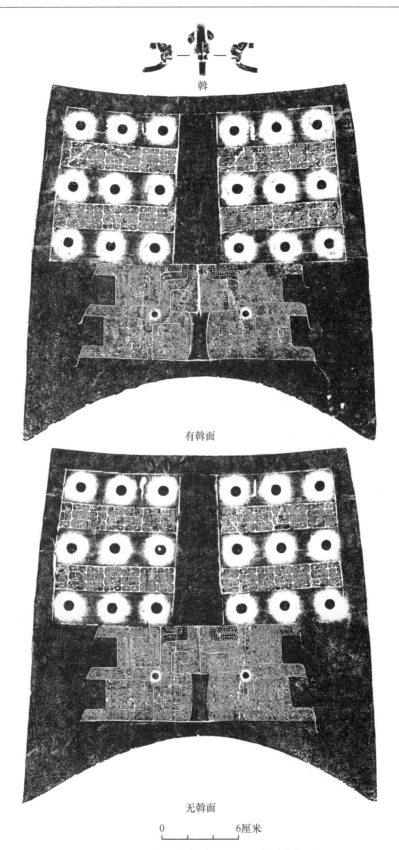

斡

有斡面

无斡面

0 ————————— 6厘米

图2-2-58 M6出土铜钟（M6∶87-4）纹饰拓片

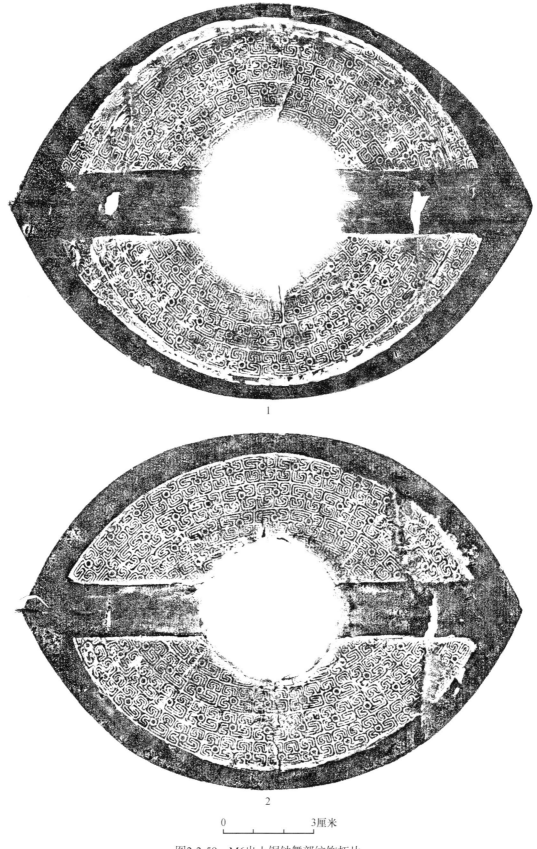

1

2

0　　　　　　3厘米

图2-2-59　M6出土铜钟舞部纹饰拓片

1. M6：87-4　2. M6：87-5

M6：87-5，通高37.4、铣间距19.6、鼓间距14.2厘米（图2-2-59，2～图2-2-62；图版一〇四～图版一〇六）。M6：87-1，通高35.7、铣间距18.5、鼓间距13.8厘米（图2-2-63～图2-2-66，1、3；图版一〇七～图版一一〇）。M6：87-2，通高34.7、铣间距17.4、鼓间距12.4厘米（图2-2-66，2、4～图2-2-68；图版一一一～图版一一三）。M6：87-3，通高32.6、铣间距16.2、鼓间距11.5厘米（图2-2-69～图2-2-71，1、3；图版一一四～图版一一六）。

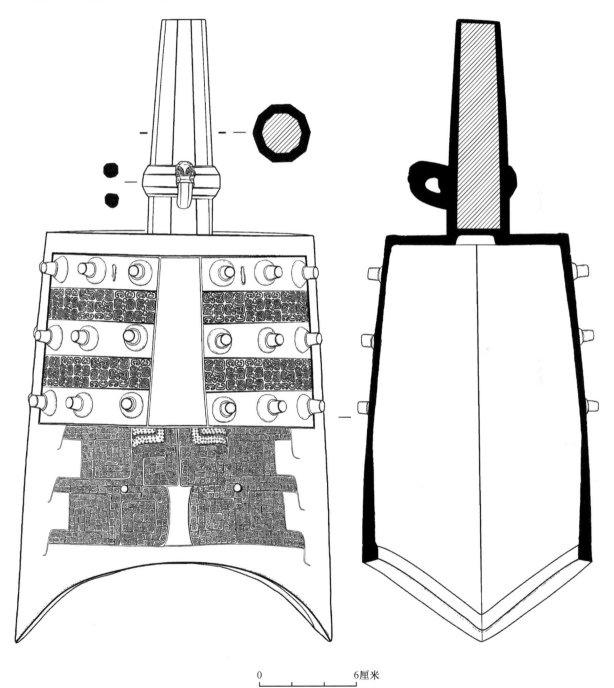

0　　　　　　　6厘米

图2-2-60　M6出土铜钟（M6：87-5）（一）

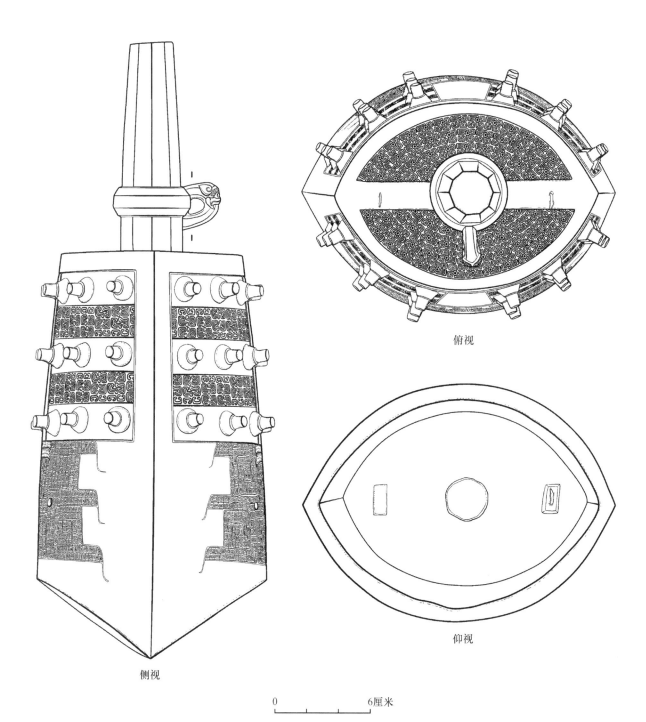

侧视

俯视

仰视

0 ⊢———┼———┤ 6厘米

图2-2-61　M6出土铜钟（M6：87-5）（二）

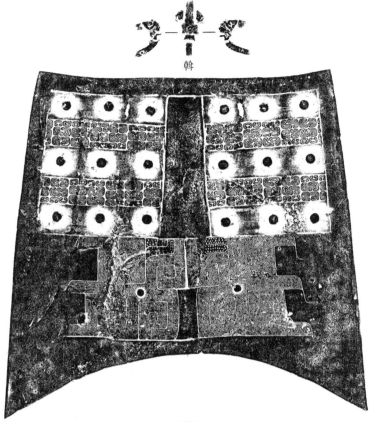

有斡面

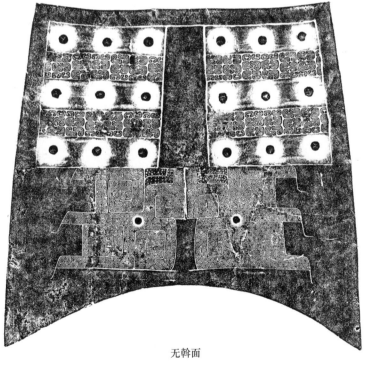

无斡面

0   6厘米

图2-2-62　M6出土铜钟（M6：87-5）纹饰拓片

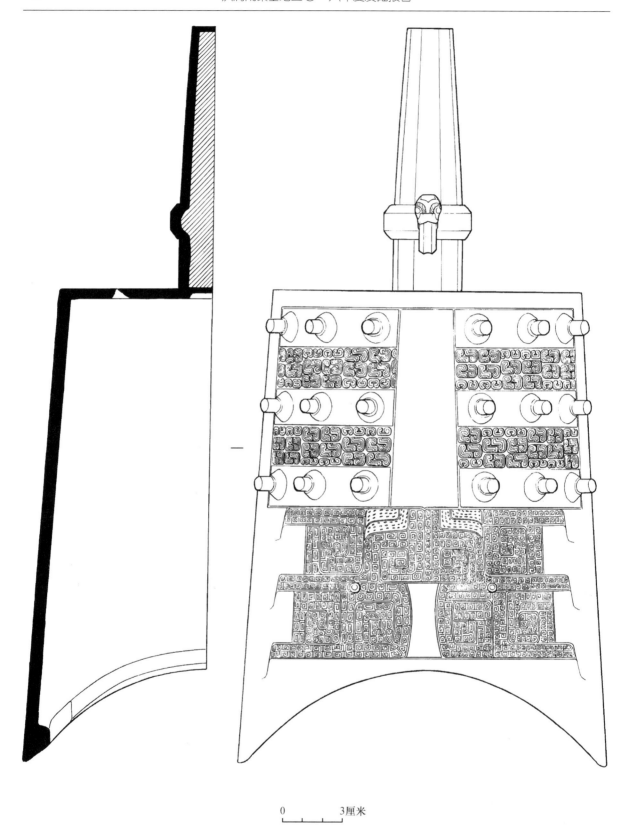

0　　　　3厘米

图2-2-63　M6出土铜钟（M6∶87-1）（一）

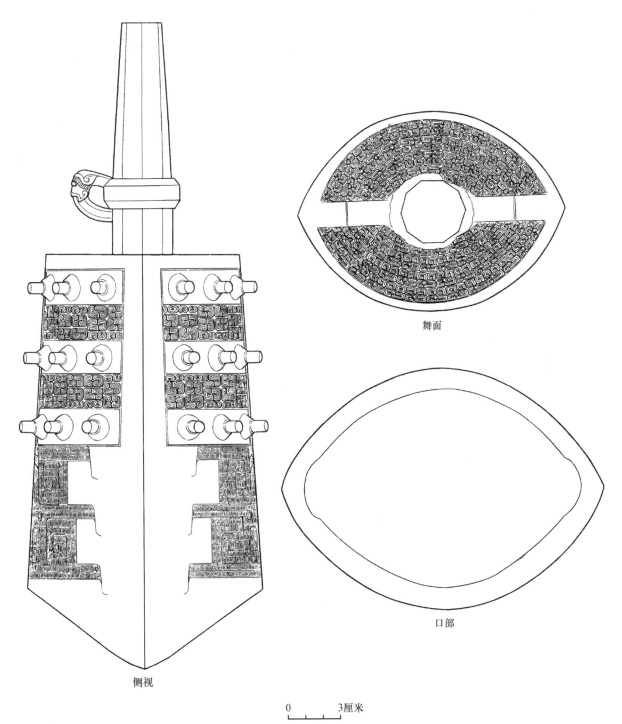

舞面

口部

侧视

0 ⊢——⊣ 3厘米

图2-2-64　M6出土铜钟（M6：87-1）（二）

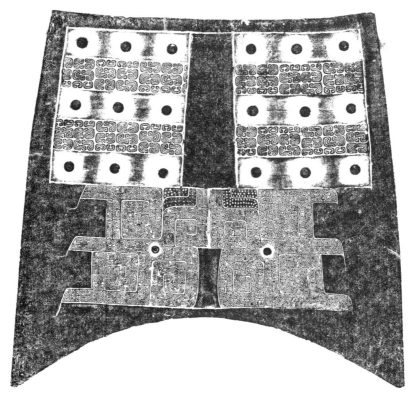

有斡面

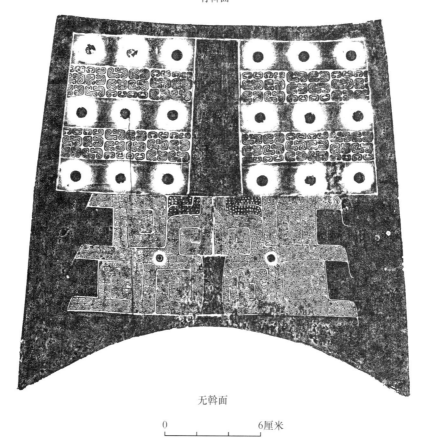

无斡面

0　　　　　　　6厘米

图2-2-65　M6出土铜钟（M6：87-1）纹饰拓片

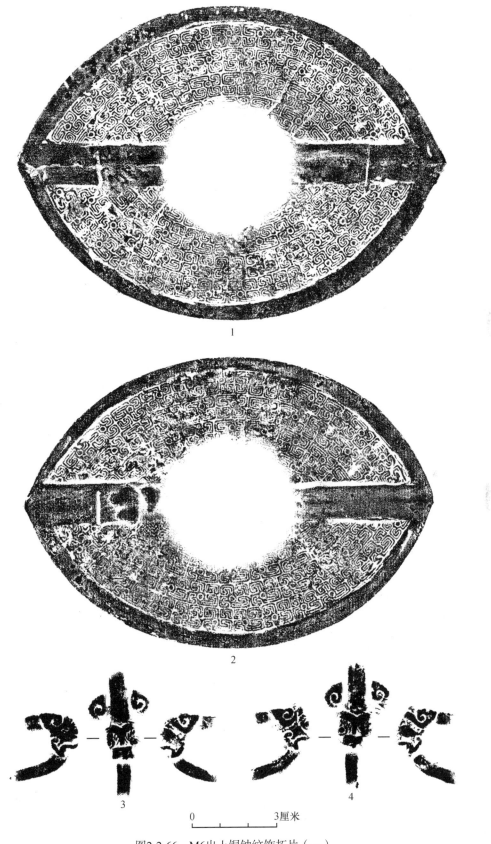

图2-2-66　M6出土铜钟纹饰拓片（一）

1、2.舞部（M6：87-1、M6：87-2）　　3、4.斡（M6：87-1、M6：87-2）

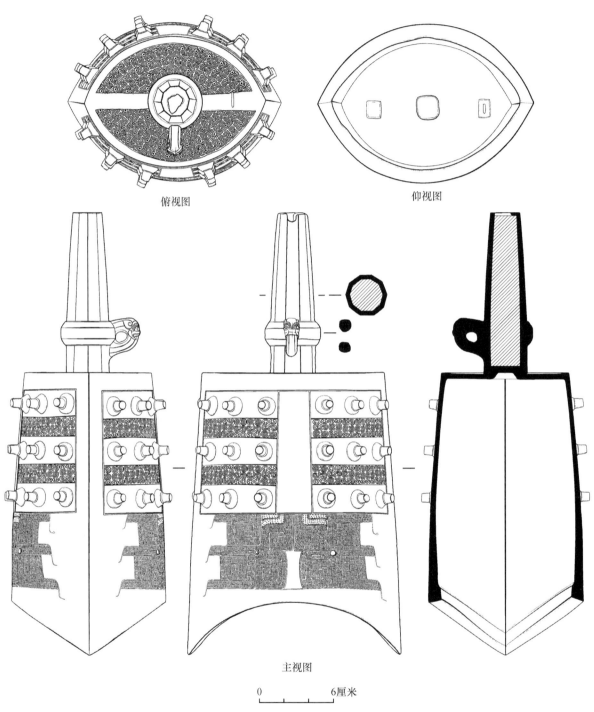

俯视图　　　　　　　　　　　　　　仰视图

主视图

0　　　　　　6厘米

图2-2-67　M6出土铜钟（M6：87-2）

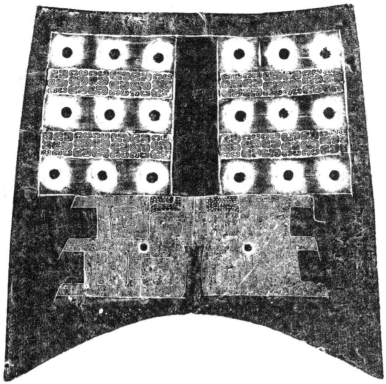

有斡面

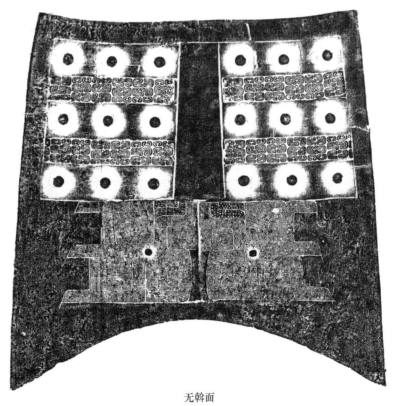

无斡面

0 ├──┼──┤ 3厘米

图2-2-68　M6出土铜钟（M6：87-2）纹饰拓片

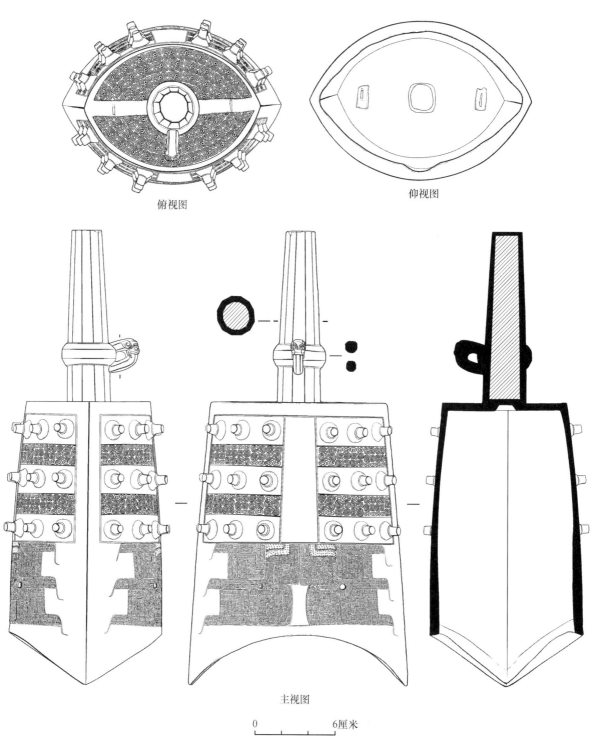

俯视图

仰视图

主视图

0　　　　　　6厘米

图2-2-69　M6出土铜钟（M6∶87-3）

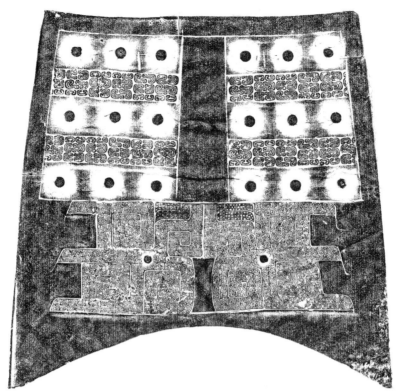

有斡面

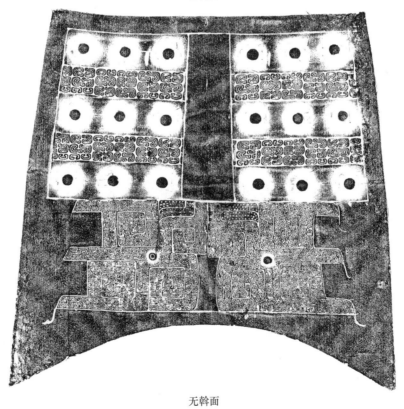

无斡面

0 ⊢——⊣ 3厘米

图2-2-70 M6出土铜钟（M6：87-3）纹饰拓片

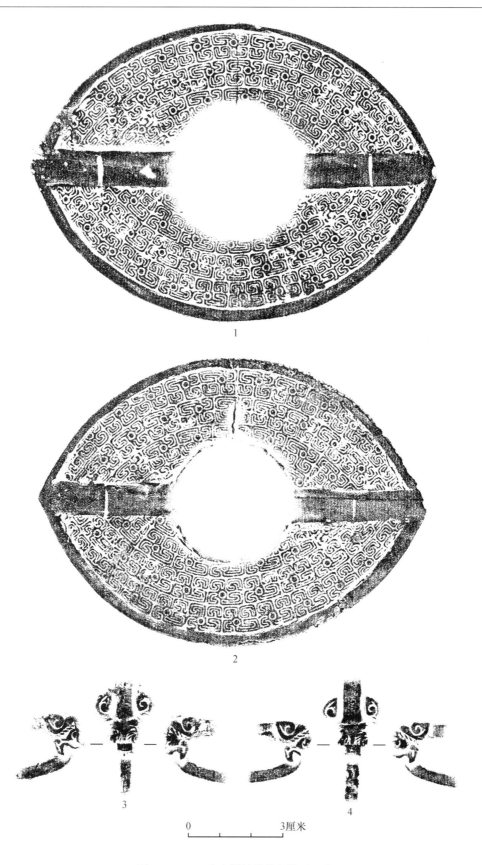

1

2

3　　　　　　　　　　　　4

0　　　　　　　3厘米

图2-2-71　M6出土铜钟纹饰拓片（二）

1、2. 舞部（M6：87-3、M6：87-6）　　3、4. 斡（M6：87-3、M6：87-6）

M6：87-6，通高31、铣间距14.5、鼓间距10.6厘米（图2-2-71，2、4～图2-2-74；图版一一七～图版一一九）。M6：87-7，通高28.5、铣间距13.2、鼓间距9.3厘米（图2-2-75～图2-2-78，1、3；图版一二〇～图版一二二）。M6：87-8，通高26.3、铣间距12、鼓间距8.6厘米（图2-2-78，2、4～图2-2-81；图版一二三～图版一二五）。M6：87-9，通高24.4、铣间距11.2、鼓间距7.6厘米（图2-2-82～图2-2-84；图版一二六～图版一二八）。

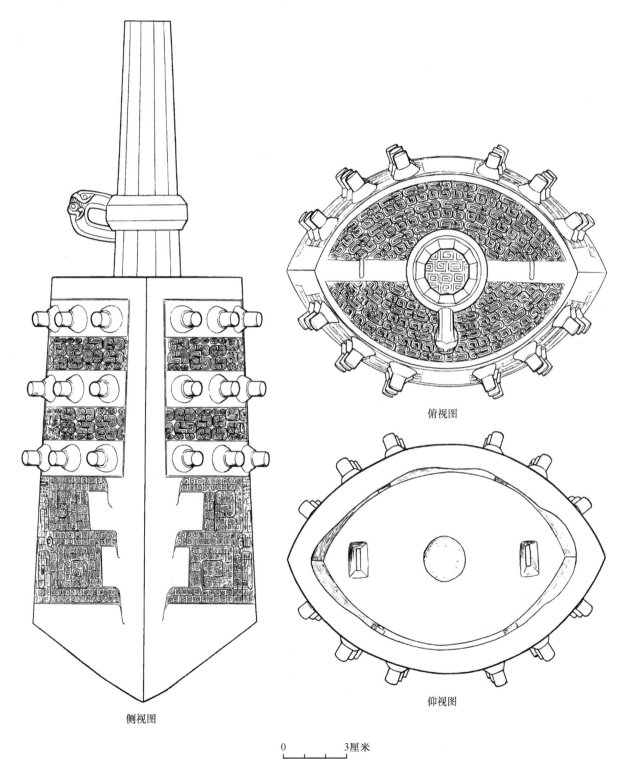

俯视图

侧视图

仰视图

0　　　　3厘米

图2-2-72　M6出土铜钟（M6：87-6）（一）

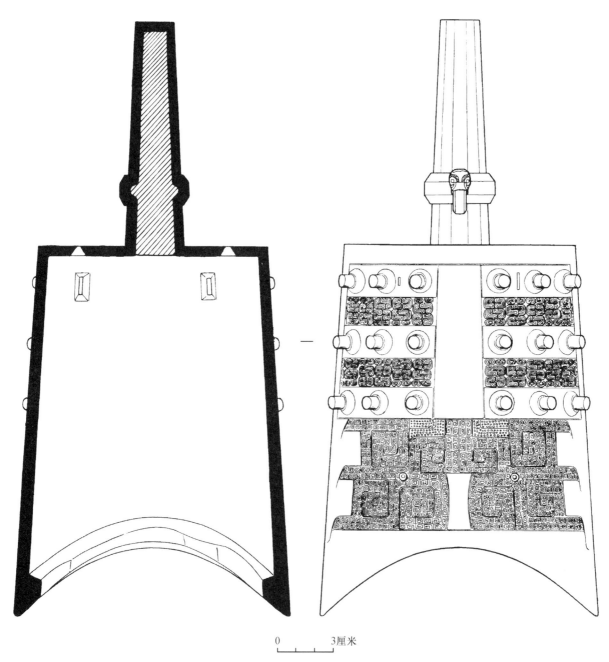

0   3厘米

图2-2-73 M6出土铜钟（M6∶87-6）（二）

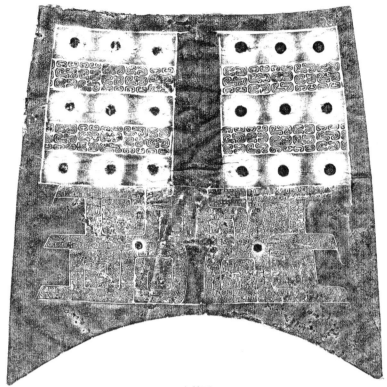

有斡面

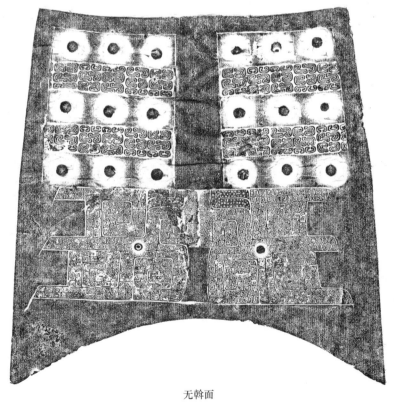

无斡面

0　　　　3厘米

图2-2-74　M6出土铜钟（M6：87-6）纹饰拓片

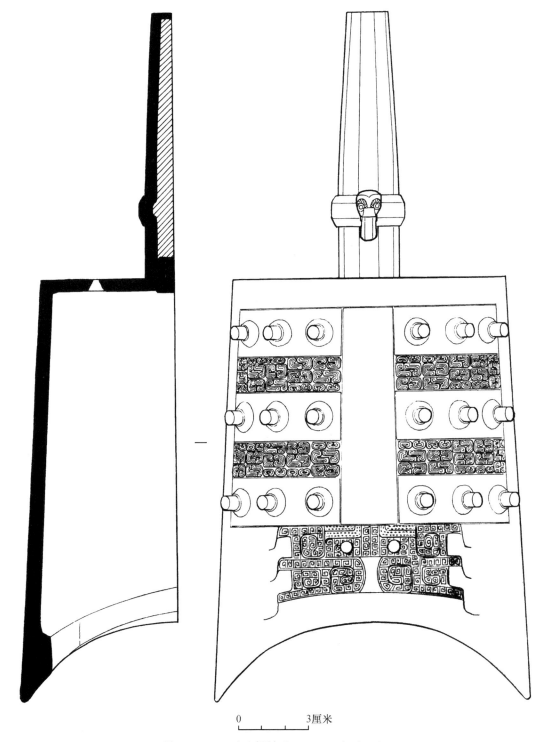

0　　　　3厘米

图2-2-75　M6出土铜钟（M6：87-7）（一）

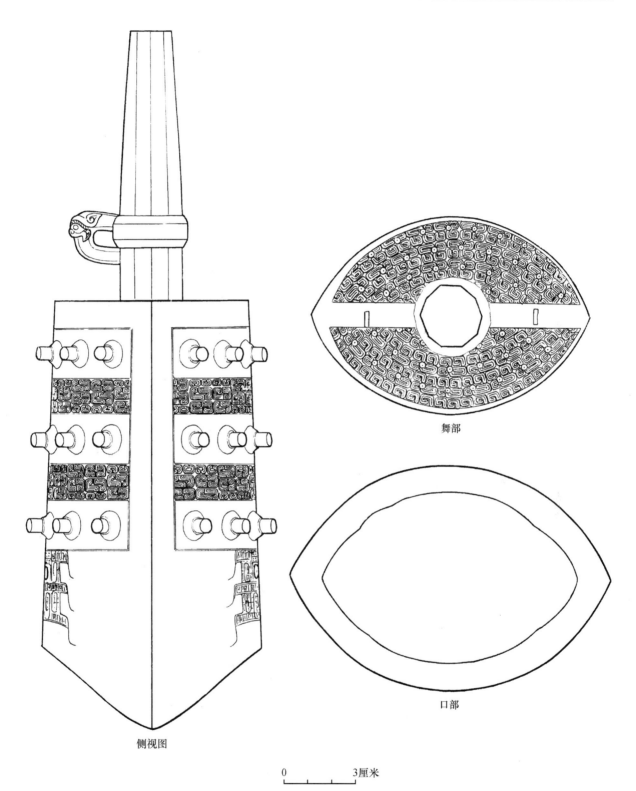

舞部

口部

侧视图

0   3厘米

图2-2-76 M6出土铜钟（M6：87-7）（二）

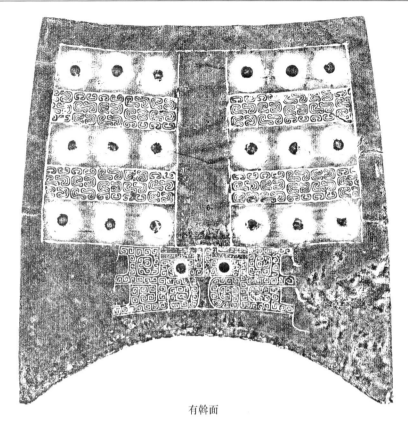

有斡面

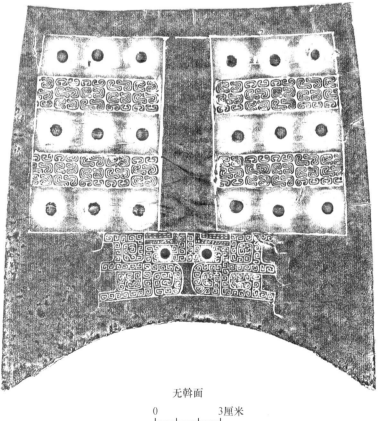

无斡面

0 ————— 3厘米

图2-2-77　M6出土铜钟（M6：87-7）纹饰拓片

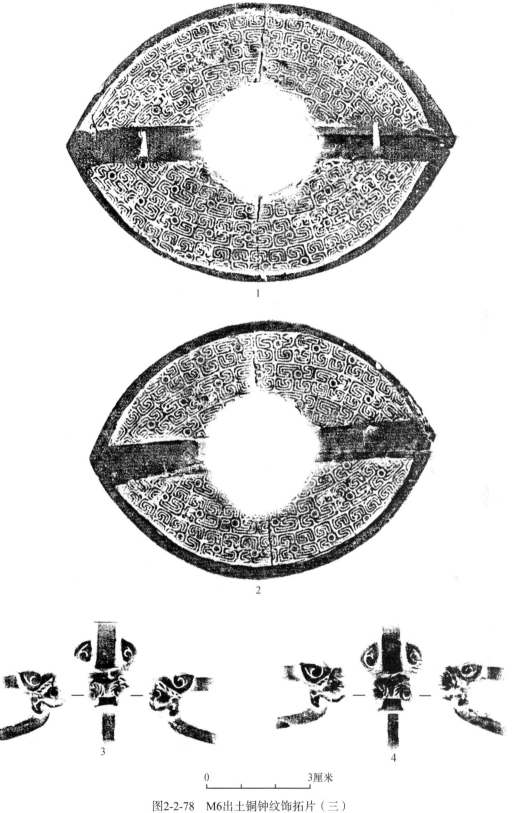

图2-2-78　M6出土铜钟纹饰拓片（三）

1、2. 舞部（M6：87-7、M6：87-8）　　3、4. 斡（M6：87-7、M6：87-8）

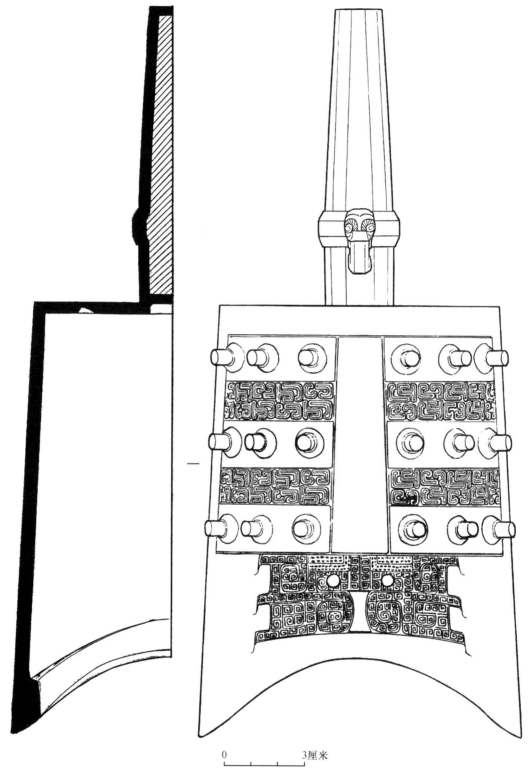

0　　　　　3厘米

图2-2-79　M6出土铜钟（M6∶87-8）（一）

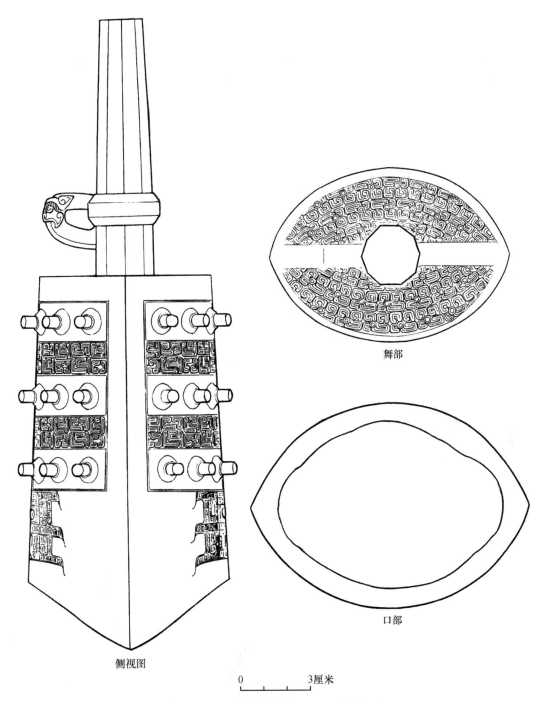

舞部

口部

侧视图

0 _____ 3厘米

图2-2-80 M6出土铜钟（M6：87-8）（二）

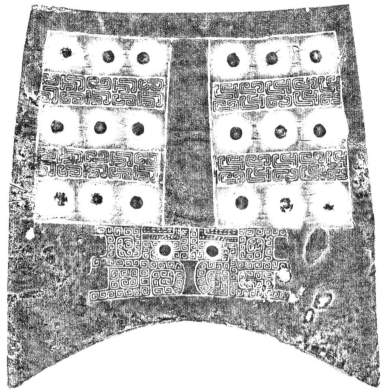

有斡面

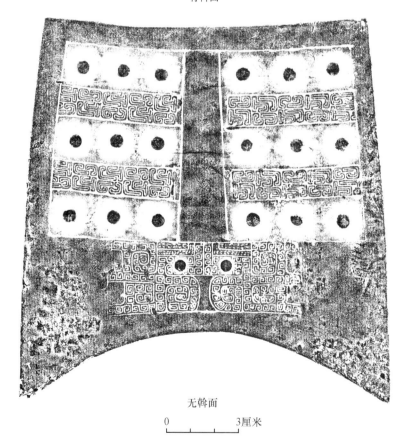

无斡面

0 ⊢―――――⊣ 3厘米

图2-2-81　M6出土铜钟（M6∶87-8）纹饰拓片

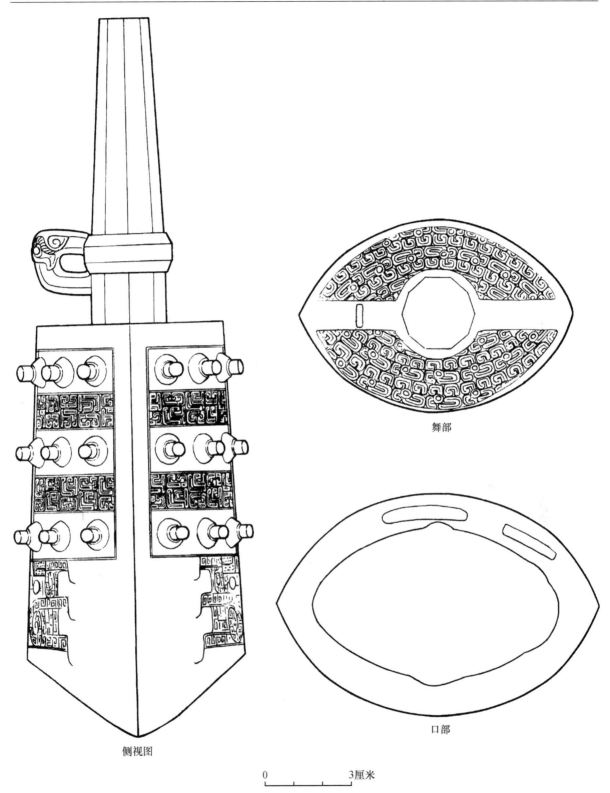

舞部

口部

侧视图

0 ⊢————————┤ 3厘米

图2-2-82　M6出土铜钟（M6：87-9）（一）

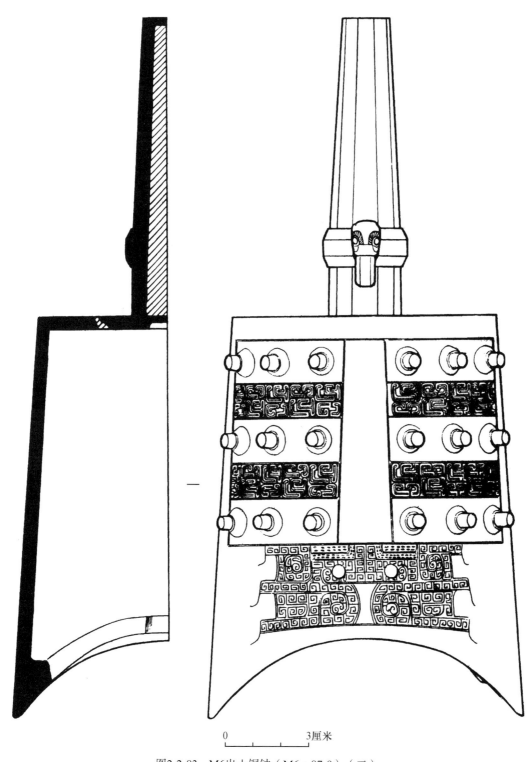

0　　　　　3厘米

图2-2-83　M6出土铜钟（M6：87-9）（二）

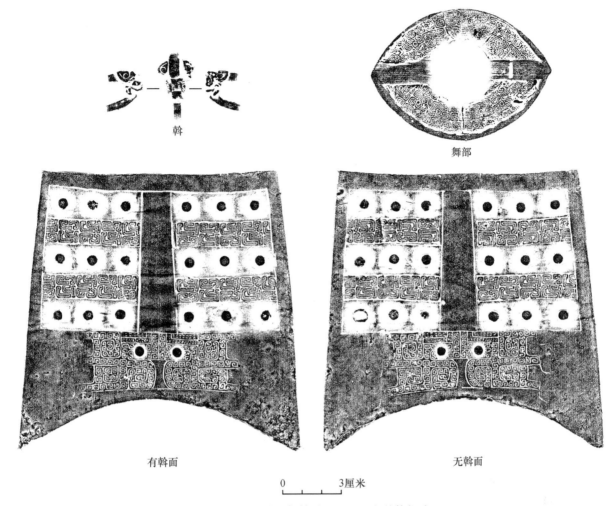

斡

舞部

有斡面

无斡面

0　　　　3厘米

图2-2-84　M6出土铜钟（M6：87-9）纹饰拓片

3. 铜兵器

有戈、铍、镈、镞。

戈　8件。据援形制，可分两型。长援和短援两种。

A型　2件。长援。长条圭形援上扬，援本上端一长方穿，援身较窄，扁体较平，出脊，不甚明显，尖锋。中胡，有两长方穿，起阑。长方直内，无刃，内上一穿。M6：133，援部变形，援长19.1、通长26.7厘米（图2-2-85，1；图版一二九，1）。M6：134，援长19.5、通长26.7厘米（图2-2-85，3；图版一二九，2）。

B型　6件。短援。据胡和内穿又可分两个亚型。

Ba型　3件。胡长，内部帽钉形穿。援本上端一近半圆穿，中部起脊，三角尖锋。胡上有三长条穿，起阑。长方直内，无刃，有钉帽形穿孔。M6：73，援长12.5、通长19.7厘米（图2-2-85，6；图版一三〇，3）。M6：25，援长12、通长19.5厘米（图2-2-85，4；图版一三〇，2）。M6：1，援本上端半圆穿明显。援长11.4、通长19厘米（图2-2-85，2；图版一三〇，1）。

Bb型　3件。胡稍短，内部长条穿。长条援上扬，援本上端一穿，中部起脊，弧形尖锋。

胡上一至二个长方穿，起阑。长方内无刃，内上一长方穿。M6：24，胡部一穿。阑部不甚明显。援长12.7、通长20厘米（图2-2-85，5；图版一三一，1）。M6：74，胡部一穿。阑部不甚明显。援长12.5、通长20.1厘米（图2-2-85，7；图版一三一，2）。M6：88，胡部二穿。援体稍宽，起阑明显。内部后端斜直。援长13.6、通长21厘米（图2-2-85，8；图版一三一，3）。

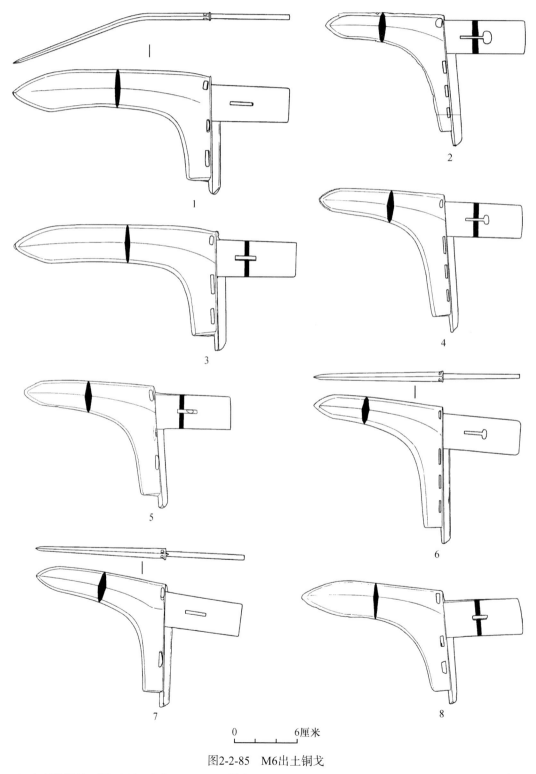

图2-2-85　M6出土铜戈

1、3.A型（M6：133、M6：134）　2、4~8.B型（M6：1、M6：25、M6：24、M6：73、M6：74、M6：88）

铍　1件。M6∶3，残。柳叶形，形体较短，腊狭较薄，锋断，凸脊，两从凹陷呈血槽，无格，扁茎，腊与茎无明显分界，无首。残长25.5厘米（图2-2-86，1；图版一三二，2、3）。

镈　1件。M6∶21-39，圆管，上端有箍，下部外凸，接四足，内有木芯，管体有小孔。通长3.5，足间距0.9厘米（图2-2-86，16；图版一三四，1-39）。

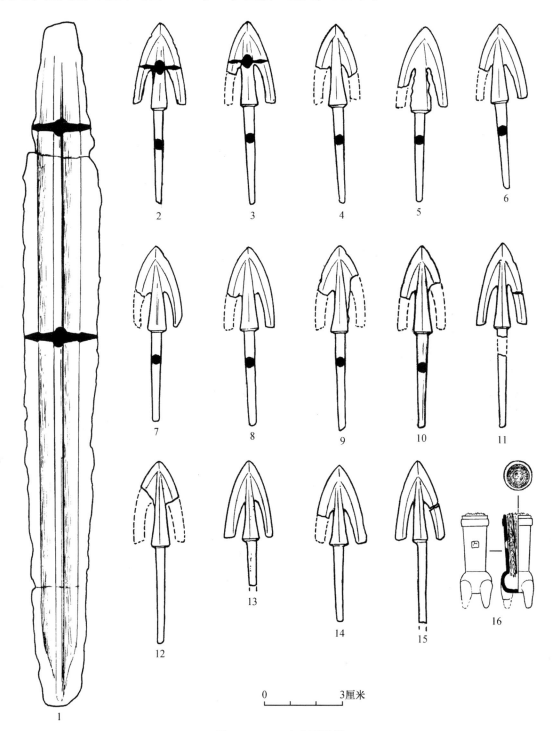

图2-2-86　M6出土铜兵器

1. 铍（M6∶3）　　2～15.A型镞（M6∶100-1、M6∶100-2、M6∶100-3、M6∶100-4、M6∶100-5、M6∶100-6、M6∶100-7、
M6∶100-8、M6∶100-9、M6∶100-10、M6∶100-11、M6∶100-12、M6∶100-13、M6∶100-14）　　16.镈（M6∶21-39）

镞　97件。皆有铤，可分三型（图版一三二，1；图版一三三、图版一三四）。

A型　91件。双翼。条状双翼较宽，斜向外张，中脊突起与后锋齐平，截面呈菱形，长本，圆铤。

M6：100-1，基本完整。翼宽2、长6.7厘米（图2-2-86，2）。M6：100-2，一翼残断。翼宽2、长6.8厘米（图2-2-86，3）。M6：100-3，两翼残断。翼残宽1.6、长6.7厘米（图2-2-86，4）。M6：100-4，一翼残断。翼宽2、长6.5厘米（图2-2-86，5）。M6：100-5，一翼残断。翼宽2、长6.2厘米（图2-2-86，6）。M6：100-6，一翼残断。翼宽1.9、长6.5厘米（图2-2-86，7）。M6：100-7，一翼残断。翼宽2、长6.7厘米（图2-2-86，8）。M6：100-8，两翼残断。翼残宽1.5、长6.9厘米（图2-2-86，9）。M6：100-9，两翼残断。翼残宽1.6、长6.8厘米（图2-2-86，10）。M6：100-10，铤残断。翼宽2、复原长6.9厘米（图2-2-86，11）。M6：100-11，两翼残断。翼残宽1.5、长6.8厘米（图2-2-86，12）。M6：100-12，铤残断。翼宽1.9、残长4.6厘米（图2-2-86，13）。M6：100-13，一翼残断。翼宽2、长5.8厘米（图2-2-86，14）。M6：100-14，一翼残断。翼宽1.9、长6厘米（图2-2-86，15）。M6：100-15，铤残断。翼宽2、复原长6.4厘米（图2-2-87，1）。M6：100-16，铤残断。翼宽2、残长2.8厘米（图2-2-87，20）。

M6：6-1，两翼残断。翼残宽1.7、长6.5厘米（图2-2-87，2）。M6：6-2，一翼和铤残断。翼宽1.9、残长6.2厘米（图2-2-87，3）。M6：6-3，两翼残断。翼残宽1.3、长6.3厘米（图2-2-87，4）。M6：6-4，一翼和锋残断。翼宽2、残长6.6厘米（图2-2-87，5）。M6：6-5，一翼和铤残断。翼宽1.8、复原长6.5厘米（图2-2-87，6）。M6：6-6，一翼和铤残断。翼宽1.6、复原长5.7厘米（图2-2-87，7）。M6：6-7，翼宽1.9、长6.2厘米（图2-2-87，8）。M6：6-8，一翼残断。翼宽1.9、长6.5厘米（图2-2-87，9）。M6：6-9，两翼残断。翼残宽1.8、长6.6厘米（图2-2-87，10）。M6：6-10，一翼残断。翼宽2、长6.6厘米（图2-2-87，11）。M6：6-11，一翼和铤残断。翼宽2、复原长6.7厘米（图2-2-87，12）。M6：6-12，两翼残断。翼残宽1.5、长6.8厘米（图2-2-87，13）。M6：6-13，铤残断。翼宽2、复原长6.9厘米（图2-2-87，14）。M6：6-14，一翼残断。翼宽2、长6.4厘米（图2-2-87，15）。M6：6-15，一翼残断。翼宽2、长6.6厘米（图2-2-87，16）。M6：6-16，一翼残断。翼宽2、长6.8厘米（图2-2-87，17）。M6：6-17，一翼残断。翼宽2、长6.2厘米（图2-2-87，18）。M6：6-18，两翼残断。翼残宽1.6、长6.6厘米（图2-2-87，19）。

M6：12-1，铤残断。翼宽2、残长6厘米（图2-2-88，1）。M6：12-2，两翼残断。翼残宽1.5、长6.5厘米（图2-2-88，2）。M6：12-3，一翼和铤残断。翼宽1.6、残长4.3厘米（图2-2-88，10）。M6：12-4，一翼和铤稍残。翼宽1.9、残长6.1厘米（图2-2-88，4）。M6：12-5，一翼和铤残断。翼宽1.9、残长5.9厘米（图2-2-88，5）。M6：12-6，一翼和铤残断。翼宽2、残长5厘米（图2-2-88，9）。M6：12-7，两翼和铤残断。翼残宽1.4、残长6.1厘米（图2-2-88，7）。M6：12-8，两翼和铤残断。翼残宽1.4、残长5.9厘米（图2-2-88，3）。M6：12-9，一翼和铤残断。翼宽1.9、残长6.2厘米（图2-2-88，6）。M6：12-10，一翼和铤残断。翼宽

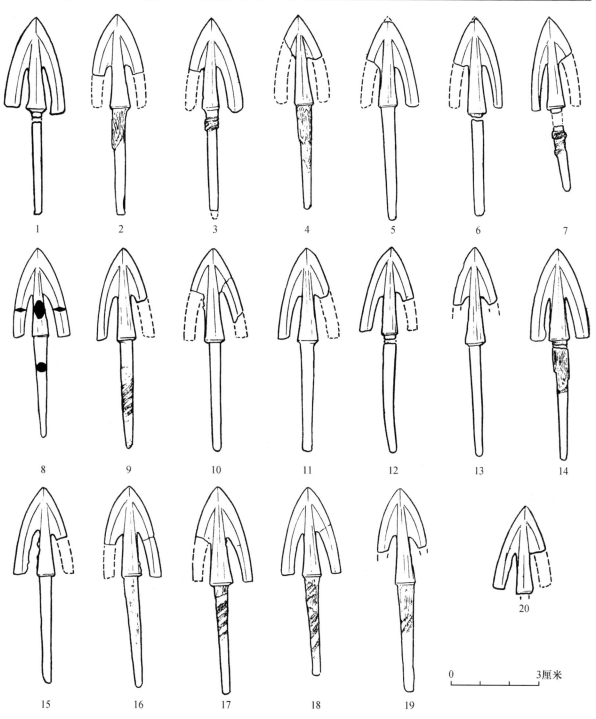

图2-2-87 M6出土A型铜镞（一）

1. M6：100-15 2. M6：6-1 3. M6：6-2 4. M6：6-3 5. M6：6-4 6. M6：6-5 7. M6：6-6 8. M6：6-7 9. M6：6-8
10. M6：6-9 11. M6：6-10 12. M6：6-11 13. M6：6-12 14. M6：6-13 15. M6：6-14 16. M6：6-15 17. M6：6-16
18. M6：6-17 19. M6：6-18 20. M6：100-16

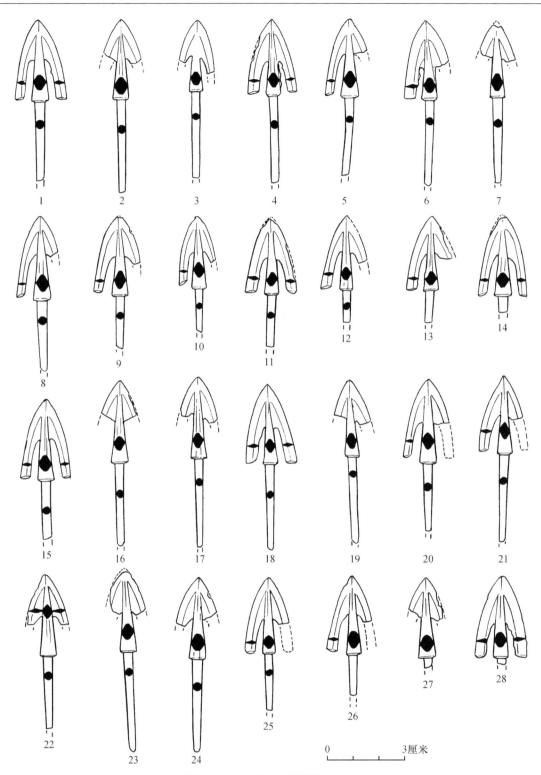

图2-2-88　M6出土A型铜镞（二）

1. M6：12-1　2. M6：12-2　3. M6：12-8　4. M6：12-4　5. M6：12-5　6. M6：12-9　7. M6：12-7　8. M6：12-10　9. M6：12-6
10. M6：12-3　11. M6：12-11　12. M6：12-12　13. M6：12-15　14. M6：12-18　15. M6：12-17　16. M6：12-16　17. M6：12-13
18. M6：12-14　19. M6：12-19　20. M6：21-1　21. M6：21-2　22. M6：21-4　23. M6：21-5　24. M6：21-9　25. M6：21-3
26. M6：21-7　27. M6：21-6　28. M6：21-8

2、残长5.8厘米（图2-2-88，8）。M6：12-11，一翼和铤残断。翼宽1.9、残长4.8厘米（图2-2-88，11）。M6：12-12，一翼和铤残断。翼宽2、残长4厘米（图2-2-88，12）。M6：12-13，两翼和铤残断。翼残宽1.5、残长6.4厘米（图2-2-88，17）。M6：12-14，一翼残断。翼宽2、长6.2厘米（图2-2-88，18）。M6：12-15，一翼和铤残断。翼宽1.9、残长4厘米（图2-2-88，13）。M6：12-16，两翼和铤残断。翼残宽1.3、残长6.2厘米（图2-2-88，16）。M6：12-17，铤残断。翼宽1.9、残长5.3厘米（图2-2-88，15）。M6：12-18，铤和锋残断。翼宽1.9、残长3.1厘米（图2-2-88，14）。M6：12-19，两翼和铤残断。翼残宽1.4、残长6.1厘米（图2-2-88，19）。

M6：21-1，一翼和铤残断。翼宽2、残长5.7厘米（图2-2-88，20）。M6：21-2，一翼和铤残断。翼宽1.9、残长6.2厘米（图2-2-88，21）。M6：21-3，一翼和铤残断。翼宽1.9、残长5厘米（图2-2-88，25）。M6：21-4，两翼残断。翼残宽1.6、残长5.8厘米（图2-2-88，22）。M6：21-5，两翼和锋残断。翼残宽1.4、复原长6.9厘米（图2-2-88，23）。M6：21-6，两翼和铤残断。翼残宽1.3、残长3.4厘米（图2-2-88，27）。M6：21-7，一翼和铤残断。翼宽2、残长4.5厘米（图2-2-88，26）。M6：21-8，铤残断。翼宽2、残长3.3厘米（图2-2-88，28）。M6：21-9，两翼残断。翼残宽1.5、长6.5厘米（图2-2-88，24）。M6：21-10，铤残断。翼宽2、残长4.4厘米（图2-2-89，8）。M6：21-11，一翼和铤残断。翼宽2、残长4.2厘米（图2-2-89，10）。M6：21-12，一翼和铤残断。翼宽2、残长6厘米（图2-2-89，1）。M6：21-13，一翼和铤残断。翼宽1.9、残长3.2厘米（图2-2-89，16）。M6：21-14，铤残断。翼宽2、残长4.4厘米（图2-2-89，9）。M6：21-15，一翼和铤残断。翼宽2、残长4.8厘米（图2-2-89，13）。M6：21-16，铤残断。翼宽2、残长4.9厘米（图2-2-89，7）。M6：21-17，两翼和铤残断。翼残宽1.5、残长5.2厘米（图2-2-89，6）。M6：21-18，一翼和铤残断。翼宽2、残长3.4厘米（图2-2-89，15）。M6：21-19，一翼残断。翼宽2、长6.1厘米（图2-2-89，2）。M6：21-20，铤残断。翼宽2、残长3厘米（图2-2-89，17）。M6：21-21，两翼和铤残断。翼残宽1.5、残长4.8厘米（图2-2-89，23）。M6：21-22，两翼和铤残断。翼残宽1.5、残长4.1厘米（图2-2-89，11）。M6：21-23，两翼和铤残断。翼残宽1.5、残长4厘米（图2-2-89，12）。M6：21-24，两翼和铤残断。翼残宽1.5、残长5.8厘米（图2-2-89，5）。M6：21-25，两翼和锋残断。翼残宽1.5、残长6.5厘米（图2-2-89，3）。M6：21-26，两翼和铤残断。翼残宽1.6、残长5厘米（图2-2-89，14）。M6：21-27，一翼和铤残断。翼宽1.7、残长4.9厘米（图2-2-89，24）。M6：21-28，两翼和铤残断。翼残宽1、残长3.4厘米（图2-2-89，19）。M6：21-29，两翼和铤残断。翼残宽1.5、残长4厘米（图2-2-89，27）。M6：21-30，锋和铤残断。翼残宽2、残长3.7厘米（图2-2-89，21）。M6：21-31，一翼和铤残断。翼宽1.9、残长4.9厘米（图2-2-89，25）。M6：21-32，铤残断。翼宽1.9、残长2.9厘米（图2-2-89，18）。M6：21-33，一翼和铤残断。翼宽2、残长5厘米（图2-2-89，22）。M6：21-34，铤残断。翼宽1.9、残长3.9厘米（图2-2-89，28）。M6：21-35，两翼和铤残断。翼残宽1.5、残长5.7厘米（图2-2-89，4）。M6：21-36，两翼和铤残断。翼残宽1.4、残长3.1厘米（图2-2-89，29）。M6：21-37，一翼和

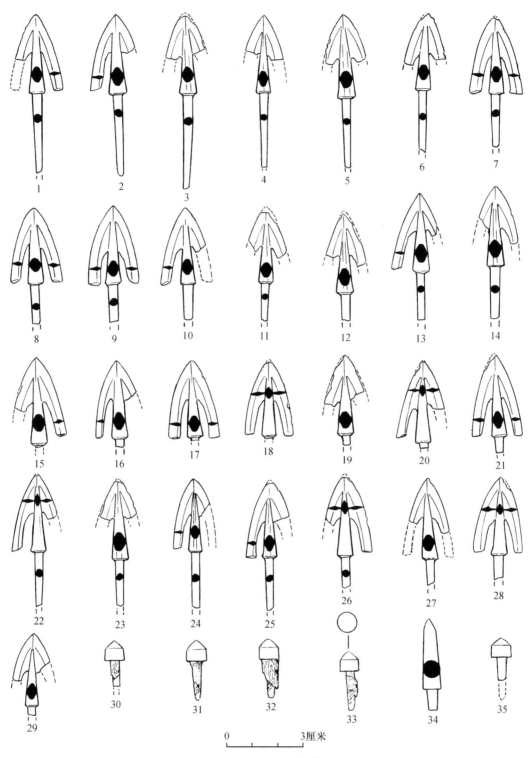

图2-2-89　M6出土铜镞

1~29.A型（M6：21-12、M6：21-19、M6：21-25、M6：21-35、M6：21-24、M6：21-17、M6：21-16、M6：21-10、
M6：21-14、M6：21-11、M6：21-22、M6：21-23、M6：21-15、M6：21-26、M6：21-18、M6：21-13、M6：21-20、
M6：21-32、M6：21-28、M6：21-37、M6：21-30、M6：21-33、M6：21-21、M6：21-27、M6：21-31、M6：21-38、
M6：21-29、M6：21-34、M6：21-36）　　30~33、35.B型（M6：6-23、M6：6-22、M6：6-21、M6：6-20、M6：6-24）
34.C型（M6：6-19）

铤残断。翼宽2、残长3.3厘米（图2-2-89，20）。M6：21-38，一翼、锋和铤残断。翼宽2、残长4.1厘米（图2-2-89，26）。

B型　5件（图版一三二，1）。无翼，圆身。镞身短小，尖首，铤长。M6：6-20，长2.2厘米（图2-2-89，33）。M6：6-21，铤残。残长2.2厘米（图2-2-89，32）。M6：6-22，长2.2厘米（图2-2-89，31）。M6：6-23，铤残。残长1.7厘米（图2-2-89，30）。M6：6-24，铤残。残长1.6厘米（图2-2-89，35）。

C型　1件。无翼，圆锥身。M6：6-19，身长铤很短，锋前出尖。残长3.4厘米（图2-2-89，34；图版一三三，2-19）。

4. 铜车马器

有车軎（含辖）、马衔、铃、泡（钖）、合页、当卢、环、带扣、管等。

车軎　10件。皆成对出现，带辖。軎身整体呈圆筒状，中贯通，一端出宽缘折挡，近缘处两端各有一长方穿孔，孔中贯辖，辖体扁长，辖首尾端各有一穿。軎身和辖体皆为近缘端较粗，远缘端收窄变细。軎、辖可见清晰的合范线。可分两型。

A型　6件。軎身较短，椭圆筒形，周身饰蟠螭纹及蟠虺纹。辖穿为纵向长方孔。軎身饰两组首首相对的变体蟠螭纹，间以云雷纹，远缘端饰有一圈"S"形蟠螭纹；宽缘素面；辖首上饰有兽面纹，可辨角、眉、眼。M6：13，完整。軎身一侧有补铸。辖尾穿孔内可见范土。軎长4.5、缘径7.8～7.9、辖长7.8厘米（图2-2-90，1；图版一三五，1）。M6：14，完整。軎长4.7、缘径7.8～7.9、辖长7.5厘米（图2-2-90，2；图版一三五，2）。M6：31，完整。軎长4.7、缘径7.7～8、辖长7.5厘米（图2-2-90，3；图版一三五，3）。M6：32，完整。宽缘上可见砂眼。軎长4.9、缘径7.8～8、辖长7.4厘米（图2-2-90，4；图版一三六，3）。M6：92，完整。軎长4.9、缘径7.8、辖长7.4厘米（图2-2-90，5；图版一三六，2）。M6：93，完整。軎长5、缘径7.8、辖长7.5厘米（图2-2-90，6；图版一三六，1）。

B型　4件。軎身较长，十二棱形，素面。又分两个亚型。

Ba型　2件。辖首饰兽面。辖穿为纵向长方孔。M6：18，軎穿稍缺。軎长8.8、缘径8.4、辖长8.1厘米（图2-2-91，3；图版一三七，1）。M6：19，完整。軎长9、缘径8.4、辖长8.1厘米（图2-2-91，1；图版一三七，2）。

Bb型　2件。辖首窄弧素面。軎身近缘端穿辖孔向外凸出，凸出部分两侧各有一不规则圆孔。辖首尾端各有一横向松子状穿孔。M6：102，完整。軎长9.7、缘径8.5、辖长8.6厘米（图2-2-91，4；图版一三八，1）。M6：103，完整。軎身内壁中部一周，可见4个长条形芯撑孔。軎长9.5、缘径8.2、辖长7.4厘米（图2-2-91，2；图版一三八，2）。

马衔　19件。形制结构基本相同，由两节环杆垂直套合而成，每节套杆两端各有一套环，内侧套环较小，两端椭圆套环较大。素面。环杆合范而成。依整体造型可分两型。

A型　9件。环杆较扁平，截面近棱形，内侧一套环呈水滴形，一环呈圆形。范线较明显。M6：47，完整。通长23.6厘米（图2-2-92，1；图版一三九，3、4）。M6：52，完整。通

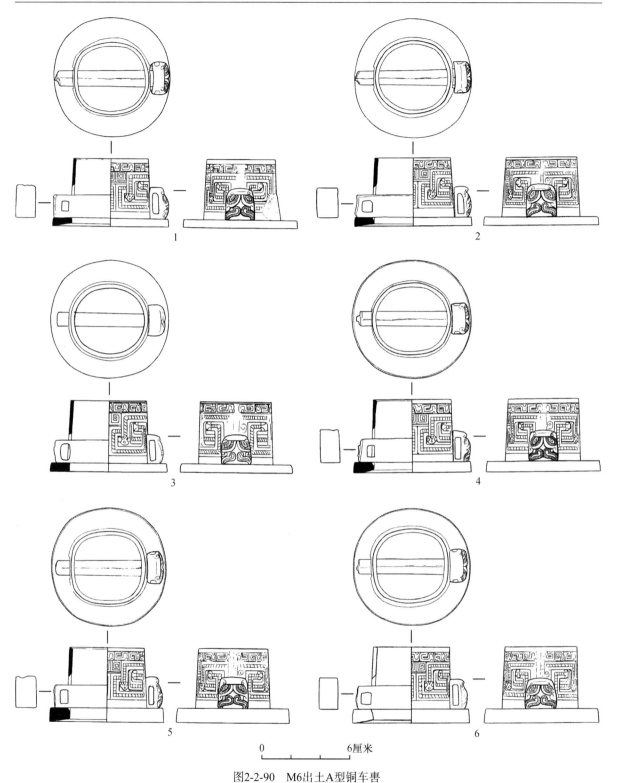

图2-2-90　M6出土A型铜车軎

1. M6：13　2. M6：14　3. M6：31　4. M6：32　5. M6：92　6. M6：93

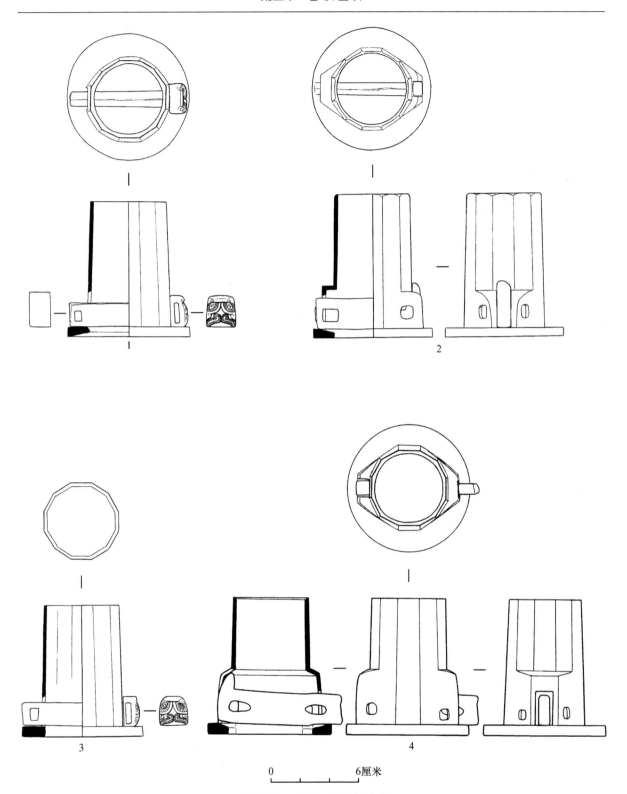

0　　　　6厘米

图2-2-91　M6出土B型铜车軎
1、3. Ba型（M6：19、M6：18）　2、4. Bb型（M6：103、M6：102）

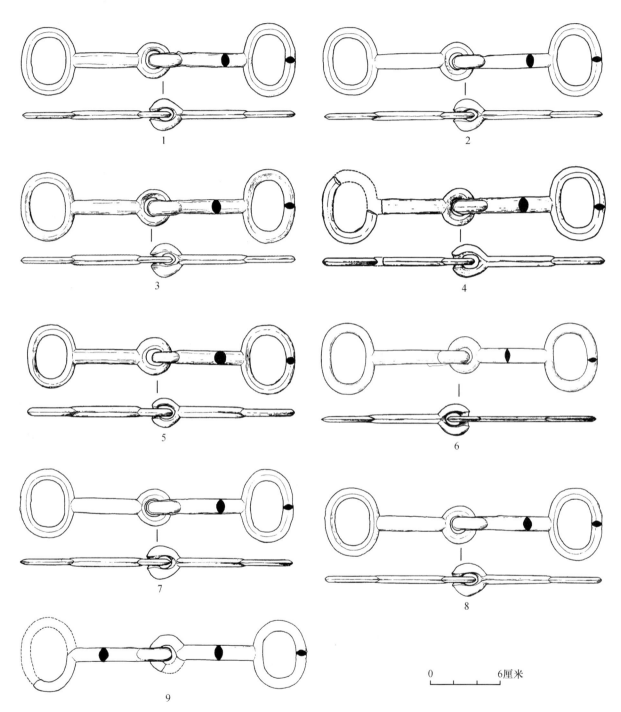

图2-2-92　M6出土A型铜马衔

1. M6：47　2. M6：63　3. M6：52　4. M6：40　5. M6：34　6. M6：59　7. M6：61　8. M6：53　9. M6：43

长23.6厘米（图2-2-92，3；图版一三九，1、2）。M6∶59，完整。通长23.5厘米（图2-2-92，6；图版一四○，2）。M6∶61，完整。通长23.5厘米（图2-2-92，7；图版一四○，3、4）。M6∶34，一内环断。通长23厘米（图2-2-92，5；图版一四○，1）。M6∶63，一内环断。通长23.6厘米（图2-2-92，2；图版一四一，4）。M6∶40，两套杆断。通长24厘米（图2-2-92，4；图版一四一，1）。M6∶43，一外环和一内环残断。通长24厘米（图2-2-92，9；图版一四一，2）。M6∶53，一外环断。通长23.6厘米（图2-2-92，8；图版一四一，3）。

B型 10件。环杆较圆厚，截面近六边形，内侧两套环皆近圆形。范线不甚明显，使用痕迹明显。M6∶15，完整。整体厚重。通长23.7厘米（图2-2-93，1；图版一四二，1、2）。M6∶16，完整。整体厚重。通长23.9厘米（图2-2-93，2；图版一四二，3、4）。M6∶44，完整。整体厚重。通长22厘米（图2-2-93，3；图版一四三，1）。M6∶45，完整。器体较厚，截面六边形规则。内侧套环环孔较小。通长22.1厘米（图2-2-93，4；图版一四三，2）。M6∶56，完整。器体稍扁。内侧套环一环孔呈椭圆形，磨损痕迹明显。通长22.7厘米（图2-2-93，5；图版一四三，3）。M6∶58，完整。器体较厚，截面六边形规则。内侧套环环孔较小，有磨损。通长22厘米（图2-2-93，6；图版一四三，4）。M6∶62，完整。器体稍扁。内侧套环一环孔呈椭圆形，磨损痕迹明显。通长22.6厘米（图2-2-93，7；图版一四四，4）。M6∶35，一内环断。器体稍扁。两内侧套环环孔较大，磨痕较明显。通长22.9厘米（图2-2-93，8；图版一四四，1）。M6∶49，一套杆断。器体较厚。两内侧套环环孔很大，磨损严重。通长22.8厘米（图2-2-93，9；图版一四四，2）。M6∶60，一内环断。器体较厚。两内侧套环磨损严重。通长22.7厘米（图2-2-93，10；图版一四四，3）。

合页 8件。形制、大小相近。由夹体和悬体两部分组成。夹体两侧铜片远端每面皆有穿孔。夹体中间开长方形缺口，中贯轴，轴上以圆管连接悬体，环纽。可分两型。

A型 4件。夹体近方形，每面有两方形穿孔，素面。M6∶9，完整。通长5.7、宽3.9厘米（图2-2-94，1；图版一四五，1）。M6∶130，完整。通长5.8、宽3.9厘米（图2-2-94，4；图版一四五，3、4）。M6∶135，完整。通长5.9、宽3.8厘米（图2-2-94，2；图版一四五，5、6）。M6∶138，完整。通长5.3、宽3.9厘米（图2-2-94，3；图版一四五，2）。

B型 4件。夹体长方形，每面有三个圆形穿孔，夹体两面饰蟠螭纹。M6∶28，完整，变形。通长5.5、宽4厘米（图2-2-94，6；图版一四六，1、2）。M6∶10，完整。一面纹饰不清。通长5.5、宽4厘米（图2-2-94，8；图版一四六，5）。M6∶29，残断。通长5.6、宽4厘米（图2-2-94，5；图版一四六，3、4）。M6∶144，残断。通长5.6、宽3.9厘米（图2-2-94，7；图版一四六，6）。

带扣 5件。形制大体相同，皆为长方框，一边出折钩，对侧边接一带环曲柄，环内套一大圆环。曲柄和长方框截面为八边形。又可分为两型。

A型 1件。曲柄作弧棒状。M6∶36，曲柄断，形体较大。钩首为蛇首形，曲柄端小圆环装饰麦穗纹。通长18.8、宽6.8厘米（图2-2-95，3；图版一四七）。

B型 4件。曲柄作三折状。钩首素面。完整。M6∶64，套环较大。通长11.6、宽5.5厘

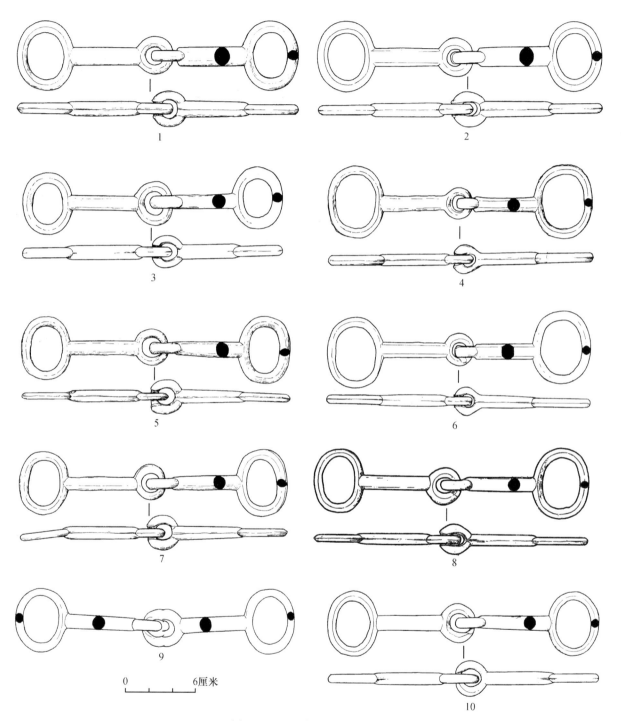

图2-2-93　M6出土B型铜马衔

1. M6∶15　2. M6∶16　3. M6∶44　4. M6∶45　5. M6∶56　6. M6∶58　7. M6∶62　8. M6∶35　9. M6∶49　10. M6∶60

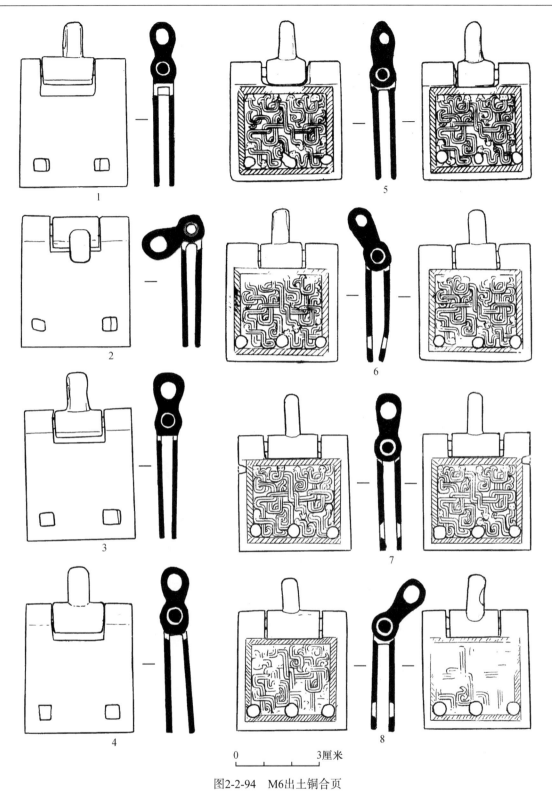

图2-2-94 M6出土铜合页

1~4.A型（M6：9、M6：135、M6：138、M6：130） 5~8.B型（M6：29、M6：28、M6：144、M6：10）

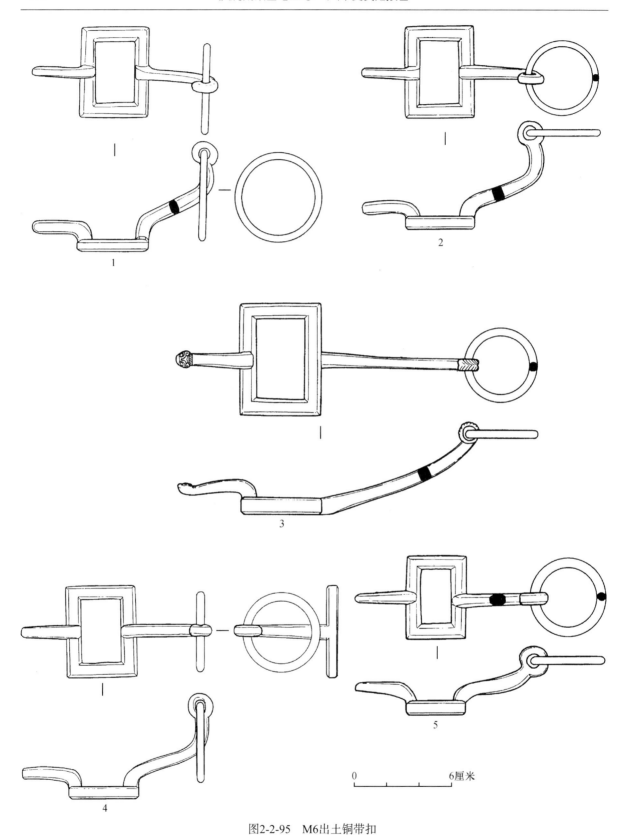

图2-2-95　M6出土铜带扣

1、2、4、5.B型（M6∶64、M6∶65、M6∶57、M6∶51）　3.A型（M6∶36）

米（图2-2-95，1；图版一四八，2）。M6：65，通长18.8、宽6.8厘米（图2-2-95，2；图版一四八，3）。M6：51，通长18.8、宽6.8厘米（图2-2-95，5；图版一四八，1）。M6：57，通长12、宽5.6、环径4.9厘米（图2-2-95，4；图版一四八，4）。

环　4套7件。形制相同，皆为圆环形，素面。M6：42，两件，一大一小。大者径6.4、小者径5.6厘米（图2-2-96，4；图版一四九，2）。M6：46，两件，大小、粗细相同。径6.5厘米（图2-2-96，2；图版一四九，3）。M6：98，两件，大小、粗细相同。径6.5厘米（图2-2-96，1；图版一四九，4）。M6：66，一件，径6.4厘米（图2-2-96，5；图版一四九，1）。

当卢　3件。扁圆环形，中间下凹，两侧边缘凸起，体薄，侧缘装有四个梯形镂空扁系。M6：33，残断。正面环体装饰凹弦纹。系间距7.4、内径3.8厘米（图2-2-96，3；图版一五〇，1、2）。M6：91，残断，缺一系。正面环体装饰18组三角雷纹。系间距7.2、内径3.6厘米（图2-2-96，6；图版一五〇，3、4）。M6：154，一系残缺。正面环体装饰18组复合纹，由"T"字下环以"C"形短线纹组成。系间距7.1、内径3.1厘米（图2-2-96，7；图版一五〇，5、6）。

铃　12件。大小、形制基本相同，桥形纽，平舞，横截面为枣核形，于部弧曲，铣部尖锐。素面。M6：7，无铃舌，铃体前后各有两孔。通高4.3、铣间距3厘米（图2-2-97，5；图版一五一，1）。M6：8，有铃舌。通高4.9、铣间距3.1厘米（图2-2-97，11；图版一五一，2）。M6：55，完整。有铃舌，截面呈三角形，铃体前后各有两孔，一面上方一角有孔，纽部顶端有浇铸痕迹。通高5、铣间距3.1厘米（图2-2-97，9；图版一五一，3）。M6：67，有铃舌，截面呈三角形，铃体前后各有两孔。通高4.3、铣间距3.1厘米（图2-2-97，10；图版一五一，4）。M6：68，无铃舌，铃体前后各有一孔。通高4.7、铣间距3厘米（图2-2-97，3；图版一五一，5）。M6：96，有铃舌，截面呈三角形，铃体前后各有两孔。通高4.4、铣间距3.1厘米（图2-2-97，4；图版一五一，6）。M6：105，无铃舌，铃体前后对称开两孔。通高4.5、铣间距3厘米（图2-2-97，1；图版一五二，1）。M6：108，无铃舌，铃体前后对称开两孔。通高4.5、铣间距2.9厘米（图2-2-97，8；图版一五二，2）。M6：121，无铃舌。通高4.4、铣间距3厘米（图2-2-97，2；图版一五二，3）。M6：126，残。无铃舌。通高5、铣间距3厘米（图2-2-97，7；图版一五二，4）。M6：145，无铃舌，铃体前后对称开两孔。通高4.7、铣间距3厘米（图2-2-97，6；图版一五二，5）。M6：27，有铃舌，截面三角形，铃体前后各有两孔。残碎严重，不可复原，尺寸不明（图版一五二，6）。

泡（钖）　10件。皆残破。可分两型。

A型　7件。浅盘，平折沿，沿上有穿孔，器身有折棱，面略弧，器壁甚薄。素面。皆残。可复原。M6：143，径13.7、厚1.3厘米（图2-2-98，1；图版一五三，1）。M6：153，径13.7、厚1.3厘米（图2-2-98，2）。M6：114-1，径15、厚1.9厘米（图2-2-98，3；图版一五四，1）。M6：114-2，径16.8、厚1.5厘米（图2-2-98，5；图版一五四，2）。M6：140，径15、厚1.2厘米（图2-2-98，6；图版一五三，2）。M6：142，径13.2、高2.2厘米（图2-2-98，4；图版一五五，1）。M6：146，径13.3、高1.4厘米（图2-2-99，4；图版一五五，2）。

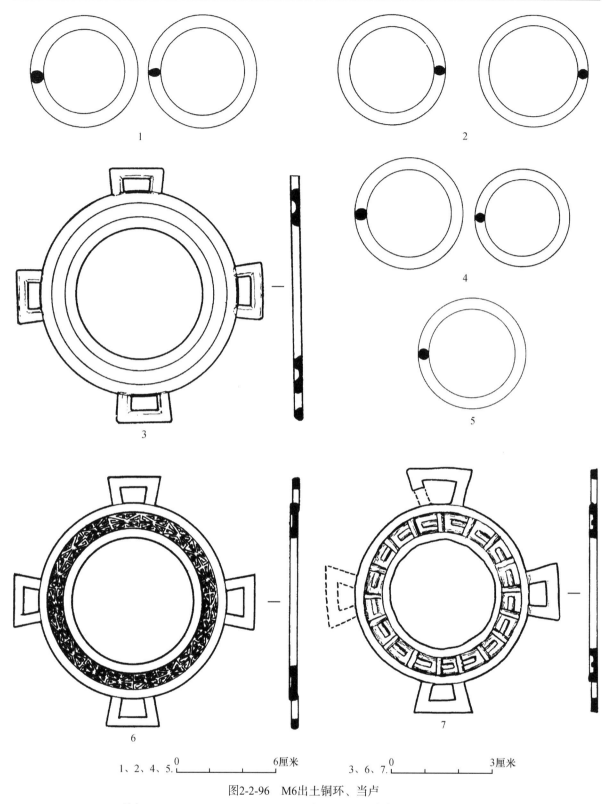

1、2、4、5. 环（M6：98　M6：46　M6：42、M6：66）　3、6、7. 当卢（M6：33、M6：91、M6：154）

图2-2-96　M6出土铜环、当卢

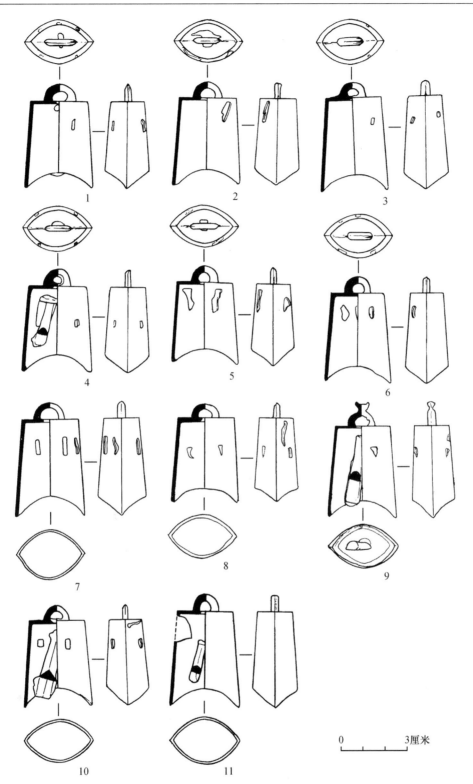

图2-2-97 M6出土铜铃

1. M6：105 2. M6：121 3. M6：68 4. M6：96 5. M6：7 6. M6：145 7. M6：126 8. M6：108 9. M6：55
10. M6：67 11. M6：8

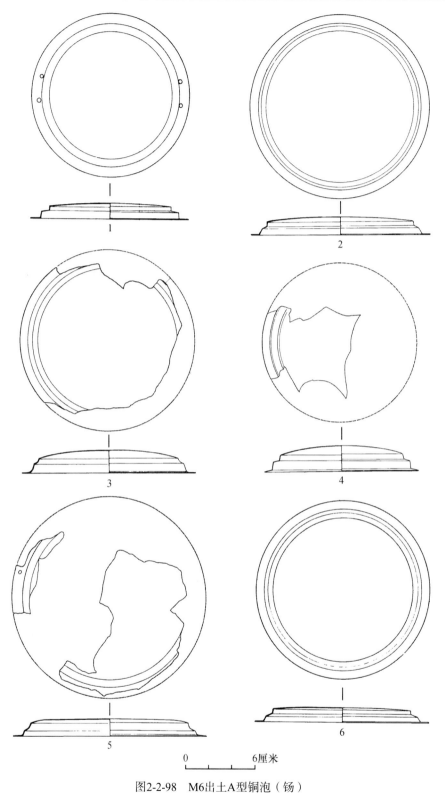

图2-2-98　M6出土A型铜泡（锡）

1. M6∶143　2. M6∶153　3. M6∶114-1　4. M6∶142　5. M6∶114-2　6. M6∶140

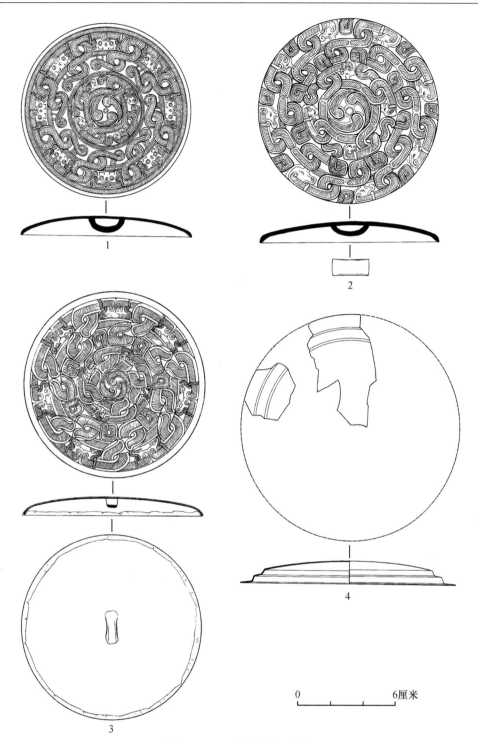

图2-2-99 M6出土铜泡（锡）

1～3. B型（M6：132、M6：30、M6：141） 4. A型（M6：146）

B型　3件。无沿，面弧，背部中央置纽，器壁较薄。器表包金，其上细线錾刻蟠螭纹，形态各不相同，中央饰涡纹。M6∶141，基本完整，亚腰形桥纽。金箔之上由中央向边缘分层满刻涡纹及两周蟠螭纹，内周蟠螭纹为4个单体交尾，外周蟠螭纹共7对首首相对，尾部相交，密集繁缛。径11.1、厚1.1厘米（图2-2-99，3；图版一五六）。M6∶132，残，圆形桥纽。金箔之上由中央向边缘分层满刻涡纹及两周蟠螭纹，内周蟠螭纹为4个单体首尾相接，尾尾相交，外周蟠螭纹共8对首首相对，尾部相交，间以三周弦纹，排列有序，密而不乱。径10.5、厚1.2厘米（图2-2-99，1；图版一五七，1）。M6∶30，残，桥纽稍束腰。金箔之上由中央向边缘分层满刻涡纹及两周单体首尾相接、尾尾相交的蟠螭纹，内周4个，外周8个，布局整齐有序。径11、厚1.3厘米（图2-2-99，2；图版一五七，2）。

长管饰　1件。M6∶83，完整。上半部方形，下半部圆形，对称开小圆孔，管体中空，上下贯通。管内残留木头。通长5.4厘米（图2-2-100，2；图版一五八，3）。

短管　完整或较完整者136件。扁圆体，中空外鼓。素面。M6∶41-355，114件。径0.9~1、厚0.5~0.6厘米（图2-2-100，1；图版一五八，2）。M6采∶5，22件。径0.9~1、厚0.5~0.6厘米（图版一五八，1）。

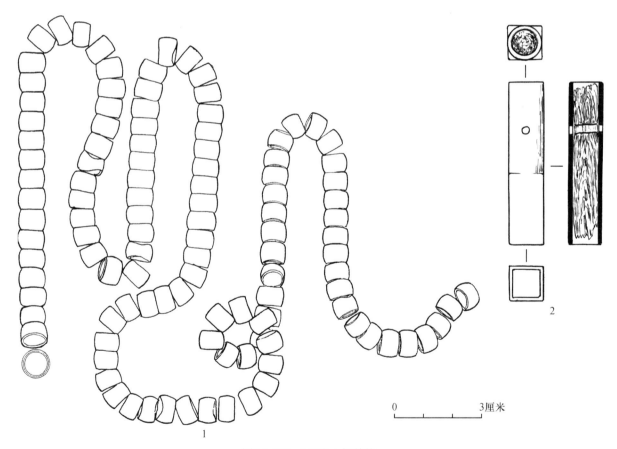

图2-2-100　M6出土铜管饰

1. 短管（M6∶41-355）　　2. 长管饰（M6∶83）

5. 铜工具

有凿、锛、削刀。

凿　1件。M6：50，銎部略呈梯形，一侧有穿，长体，上宽下窄，弧面单刃，刃宽大于凿身。素面。通长13.2、銎首宽2.9、刃宽2.6厘米（图2-2-101，3；图版一五九，2、3）。

锛　1件。M6：11，銎部呈倭角长方形，上宽下窄，两侧凸出，器身一面有穿，双刃凸出，刃宽大于器身。素面。銎内残留少量木柄。侧面中间有范线。通长10、銎首宽6.5、刃宽7.2厘米（图2-2-101，4；图版一六〇）。

削刀　2件。残损严重。形制相同，环首，刃部截面呈楔形，弧背，直刃。M6：151，刃残宽2.2、长21厘米（图2-2-101，1；图版一五九，1上）。M6：22，刃残宽1.8、残长21.5厘米（图2-2-101，2；图版一五九，1下）。

6. 其他铜器

圭　1件。M6：38，残。扁体略弧，中间出脊。素面。残长11.7、宽2.4厘米（图2-2-102，1；图版一六一，1、2）。

扣饰　4件。整体扁长，竹节形，头段较宽，向内出勾，远端渐窄。皆完整。M6：26-1，通长4.6厘米（图2-2-102，2；图版一六一，5左、6左）。M6：26-2，通长4.6厘米（图2-2-102，3；图版一六一，5右、6右）。M6采：2-1，通长4.6厘米（图2-2-102，4；图版一六一，3左、4左）。M6采：2-2，稍残，通长4.6厘米（图2-2-102，5；图版一六一，3右、4右）。

扣环饰　1件。M6采：4，残。呈"Ω"形。内径2.3厘米（图2-2-102，6；图版一六二，3、4）。

器鏊　3件。圆纽，一侧开长方纳孔，装饰兽首，尖耳耸立，倒"八"字双层眉，梭形眼，凸吻，耳间以雷纹为地。圆纽内侧有范土，可见合范线。M6：117-1，完整，通长3.7、高3厘米（图2-2-102，9；图版一六二，5左、6左）。M6：117-2，纽孔有残。通长3.7、高3厘米（图2-2-102，8；图版一六二，5右、6右）。M6采：3，纽残。残长3.1、高3厘米（图2-2-102，7；图版一六二，1、2）。

贝　个体完整或较完整者381件，总数近千枚。仿海贝形，单面，凸背，中间一排齿孔（图版一六三~图版一六六）。

M6：17，6件。长2.1~2.2厘米（图2-2-103，1~6）。

M6：20-1，长2.3厘米。M6：20-2，长2.4厘米。M6：20-3，长2.3厘米。M6：20-4，长2.3厘米。M6：20-5，长2.2厘米。M6：20-6，长2.3厘米。M6：20-7，长2.3厘米。M6：20-8，长2.3厘米。M6：20-9，长2.2厘米。M6：20-10，长2.4厘米。M6：20-11，长2.3厘米。M6：20-12，长2.2厘米。M6：20-13，稍残，长2.2厘米。M6：20-14，残，长2.4厘米。M6：20-15，存半，长2.4厘米（图2-2-103，7~21）。

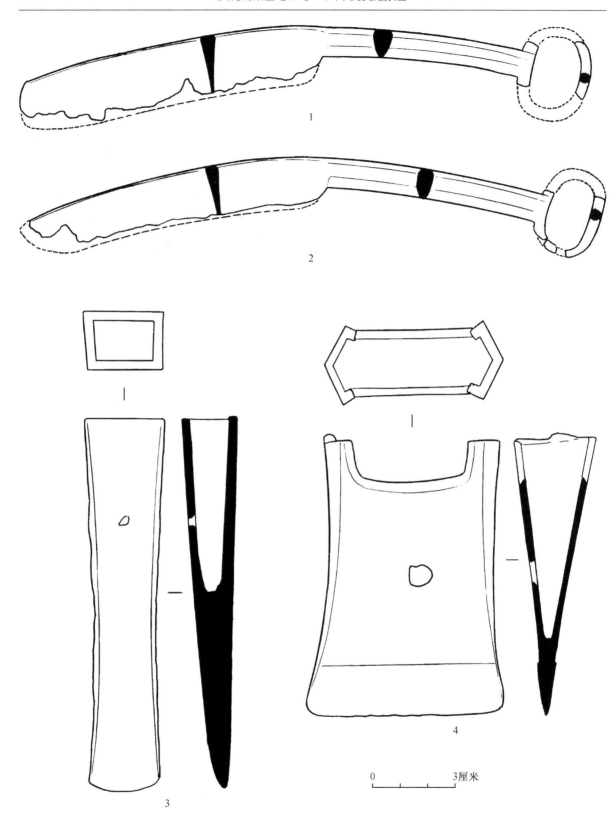

图2-2-101　M6出土铜工具

1、2.削刀（M6∶151、M6∶22）　3.凿（M6∶50）　4.锛（M6∶11）

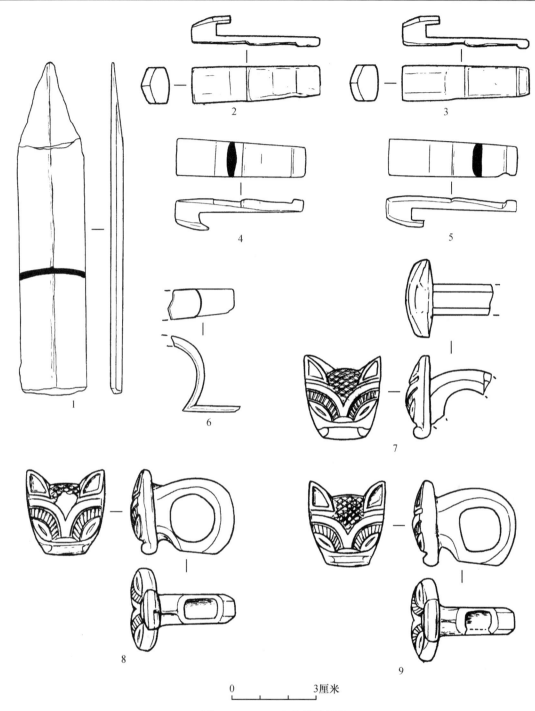

图2-2-102　M6出土其他铜器
1. 圭（M6：38）　　2~5. 扣饰（M6：26-1、M6：26-2、M6：采2-1、M6：采2-2）　　6. 扣环饰（M6：采4）
7~9. 器鋬（M6：采3、M6：117-2、M6：117-1）

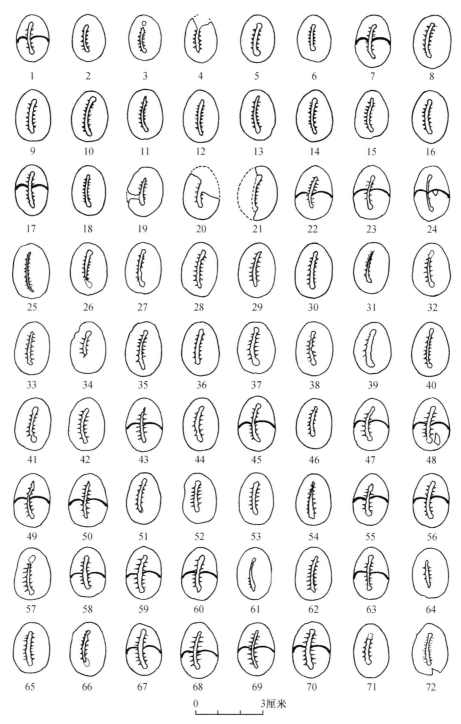

0   3厘米

图2-2-103 M6出土铜贝（一）

1. M6：17-1   2. M6：17-2   3. M6：17-3   4. M6：17-4   5. M6：17-5   6. M6：17-6   7. M6：20-1   8. M6：20-2   9. M6：20-3

10. M6：20-4   11. M6：20-5   12. M6：20-6   13. M6：20-7   14. M6：20-8   15. M6：20-9   16. M6：20-10   17. M6：20-11

18. M6：20-12   19. M6：20-13   20. M6：20-14   21. M6：20-15   22. M6：41-145   23. M6：41-146   24. M6：41-147

25. M6：41-148   26. M6：41-149   27. M6：41-150   28. M6：41-151   29. M6：41-152   30. M6：41-153   31. M6：41-154

32. M6：41-155   33. M6：41-156   34. M6：41-157   35. M6：41-158   36. M6：41-159   37. M6：41-160   38. M6：41-161

39. M6：41-162   40. M6：41-163   41. M6：41-164   42. M6：41-165   43. M6：41-166   44. M6：41-167   45. M6：41-168

46. M6：41-169   47. M6：41-170   48. M6：41-171   49. M6：41-172   50. M6：41-173   51. M6：41-174   52. M6：41-175

53. M6：41-176   54. M6：41-177   55. M6：41-178   56. M6：41-179   57. M6：41-180   58. M6：41-181   59. M6：41-182

60. M6：41-183   61. M6：41-184   62. M6：41-185   63. M6：41-186   64. M6：41-187   65. M6：41-188   66. M6：41-189

67. M6：41-190   68. M6：41-191   69. M6：41-192   70. M6：41-193   71. M6：41-194   72. M6：41-195

M6：41-145，长204厘米。M6：41-146，长2.3厘米。M6：41-147，长2.4厘米。M6：41-148，长2.4厘米。M6：41-149，长2.2厘米。M6：41-150，长2.2厘米。M6：41-151，长2.3厘米。M6：41-152，长2.4厘米。M6：41-153，长2.5厘米。M6：41-154，长2.2厘米。M6：41-155，长2.3厘米。M6：41-156，长2.3厘米。M6：41-157，长2.2厘米。M6：41-158，长2.3厘米。M6：41-159，长2.3厘米。M6：41-160，长2.2厘米。M6：41-161，长2.3厘米。M6：41-162，长2.2厘米。M6：41-163，长2.3厘米。M6：41-164，长2.2厘米。M6：41-165，长2.3厘米。M6：41-166，长2.3厘米。M6：41-167，长2.3厘米。M6：41-168，长2.3厘米。M6：41-169，长2.1厘米。M6：41-170，长2.2厘米。M6：41-171，长2.2厘米。M6：41-172，长2.3厘米。M6：41-173，长2.3厘米。M6：41-174，长2.2厘米。M6：41-175，长2.2厘米。M6：41-176，长2.2厘米。M6：41-177，长2.2厘米。M6：41-178，长2.2厘米。M6：41-179，长2.3厘米。M6：41-180，长2.3厘米。M6：41-181，长2.1厘米。M6：41-182，长2.3厘米。M6：41-183，长2.3厘米。M6：41-184，长2.2厘米。M6：41-185，长2.3厘米。M6：41-186，长2.2厘米。M6：41-187，长2.1厘米。M6：41-188，长2.2厘米。M6：41-189，长2.3厘米。M6：41-190，长2.2厘米。M6：41-191，长2.4厘米。M6：41-192，长2.3厘米。M6：41-193，长2.4厘米。M6：41-194，长2.3厘米。M6：41-195，长2.2厘米（图2-2-103，22～72）。M6：41-196，长2.3厘米。M6：41-197，长2.3厘米。M6：41-198，长2.2厘米。M6：41-199，长2.2厘米。M6：41-200，长2.2厘米。M6：41-201，长2.3厘米。M6：41-202，长2.2厘米。M6：41-203，长2.3厘米。M6：41-204，长2.2厘米。M6：41-205，长2.3厘米。M6：41-206，长2.3厘米。M6：41-207，长2.2厘米。M6：41-208，长2.3厘米。M6：41-209，长2.3厘米。M6：41-210，长2.2厘米。M6：41-211，长2.3厘米。M6：41-212，长2.2厘米。M6：41-213，长2.1厘米。M6：41-214，长2.2厘米。M6：41-215，长2.4厘米。M6：41-216，长2.2厘米。M6：41-217，长2.2厘米。M6：41-218，长2.2厘米。M6：41-219，长2.2厘米。M6：41-220，长2.2厘米。M6：41-221，长2.3厘米。M6：41-222，长2.3厘米。M6：41-223，长2.3厘米。M6：41-224，长2.3厘米。M6：41-225，长2.4厘米。M6：41-226，长2.3厘米。M6：41-227，长2.3厘米。M6：41-228，长2.1厘米。M6：41-229，长2.3厘米。M6：41-230，长2.2厘米。M6：41-231，长2.2厘米。M6：41-232，长2.2厘米。M6：41-233，长2.2厘米。M6：41-234，长2.3厘米。M6：41-235，长2.3厘米。M6：41-236，长2.3厘米。M6：41-237，长2.3厘米。M6：41-238，长2.2厘米。M6：41-239，长2.3厘米。M6：41-240，长2.3厘米。M6：41-241，长2.3厘米。M6：41-242，长2.2厘米。M6：41-243，长2.2厘米。M6：41-244，长2.4厘米。M6：41-245，长2.3厘米。M6：41-246，长2.4厘米。M6：41-247，长2.3厘米。M6：41-248，长2.3厘米。M6：41-249，长2.2厘米。M6：41-250，长2.3厘米。M6：41-251，长2.3厘米。M6：41-252，长2.1厘米。M6：41-253，长2.2厘米。M6：41-254，长2.2厘米。M6：41-255，长2.4厘米。M6：41-256，长2.4厘米。M6：41-257，长2.2厘米。M6：41-258，长2.2厘米。M6：41-259，长2.3厘米。M6：41-260，长2.3厘米。M6：41-261，长2.1厘米。M6：41-262，长2.3厘米。M6：41-263，长2.3厘米。M6：41-264，长2.3厘米。M6：41-265，长2.2厘米。M6：41-266，长2.2厘米。M6：41-267，长2.3厘米（图

2-2-104）。M6：41-268，长2.3厘米。M6：41-269，长2.3厘米。M6：41-270，长2.2厘米。M6：41-271，长2.2厘米。M6：41-272，长2.3厘米。M6：41-273，长2.2厘米。M6：41-274，长2.2厘米。M6：41-275，长2.1厘米。M6：41-276，长2.2厘米。M6：41-277，长2.2厘米。M6：41-278，长2.2厘米。M6：41-279，长2.3厘米。M6：41-280，长2.2厘米。M6：41-281，长2.3厘米。M6：41-282，长2.3厘米。M6：41-283，长2.2厘米。M6：41-284，长2.1厘米。M6：41-285，长2.2厘米。M6：41-286，长2.3厘米。M6：41-287，长2.2厘米。M6：41-288，长2.3厘米。M6：41-289，长2.2厘米。M6：41-290，长2.2厘米。M6：41-291，长2.2厘米。M6：41-292，长2.2厘米。M6：41-293，长2.2厘米。M6：41-294，长2.3厘米。M6：41-295，长2.2厘米。M6：41-296，长2.2厘米。M6：41-297，长2.3厘米。M6：41-298，长2.3厘米。M6：41-299，长2.3厘米。M6：41-300，长2.1厘米。M6：41-301，长2.2厘米。M6：41-302，长2.3厘米。M6：41-303，长2.3厘米。M6：41-304，长2.1厘米。M6：41-305，长2.3厘米。M6：41-306，长2.1厘米。M6：41-307，长2.2厘米。M6：41-308，长2.2厘米。M6：41-309，长2.4厘米。M6：41-310，长2.2厘米。M6：41-311，长2.2厘米。M6：41-312，长2.4厘米。M6：41-313，长2.1厘米。M6：41-314，长2.3厘米。M6：41-315，长2.3厘米。M6：41-316，长2.3厘米。M6：41-317，长2.3厘米。M6：41-318，长2.2厘米。M6：41-319，长2.3厘米。M6：41-320，长2.2厘米。M6：41-321，长2.2厘米。M6：41-322，长2.1厘米。M6：41-323，长2.2厘米。M6：41-324，长2.3厘米。M6：41-325，长2.2厘米。M6：41-326，长2.2厘米。M6：41-327，长2.3厘米。M6：41-328，长2.3厘米。M6：41-329，长2.3厘米。M6：41-330，长2.3厘米。M6：41-331，长2.2厘米。M6：41-332，长2.2厘米。M6：41-333，长2.3厘米。M6：41-334，长2.3厘米。M6：41-335，长2.1厘米。M6：41-336，长2.2厘米。M6：41-337，长2.2厘米。M6：41-338，长2.3厘米。M6：41-339，长2.4厘米（图2-2-105）。M6：41-340，长2.2厘米。M6：41-341，长2.3厘米。M6：41-342，长2.2厘米。M6：41-343，长2.3厘米。M6：41-344，长2.2厘米。M6：41-345，长2.1厘米。M6：41-346，长2.2厘米。M6：41-347，长2.3厘米。M6：41-348，长2.3厘米。M6：41-349，长2.2厘米。M6：41-350，长2.3厘米。M6：41-351，长2.3厘米。M6：41-352，长2.3厘米。M6：41-353，长2.4厘米。M6：41-354，长2.4厘米（图2-2-106，1～15）。

M6：84-33，长2.3厘米。M6：84-34，长2.2厘米。M6：84-35，长2.2厘米。M6：84-36，长2.2厘米。M6：84-37，长2.3厘米。M6：84-38，长2.2厘米。M6：84-39，长2.3厘米。M6：84-40，长2.2厘米。M6：84-41，长2.3厘米。M6：84-42，长2.3厘米。M6：84-43，长2.2厘米。M6：84-44，长2.2厘米。M6：84-45，长2.2厘米。M6：84-46，长2.3厘米。M6：84-47，长2.2厘米。M6：84-48，长2.2厘米。M6：84-49，长2.3厘米。M6：84-50，长2.3厘米。M6：84-51，长2.2厘米。M6：84-52，长2.3厘米。M6：84-53，长2.4厘米。M6：84-54，长2.2厘米。M6：84-55，长2.3厘米。M6：84-56，长2.1厘米。M6：84-57，长2.2厘米。M6：84-58，长2.2厘米。M6：84-59，长2.3厘米。M6：84-60，长2.2厘米。M6：84-61，长2.3厘米。M6：84-62，长2.3厘米。M6：84-63，长2.3厘米。M6：84-64，长2.3厘米。M6：84-65，长2.3厘米。M6：84-66，长2.3厘米。M6：84-67，长2.3厘米。M6：84-68，长2.4厘米。M6：84-69，

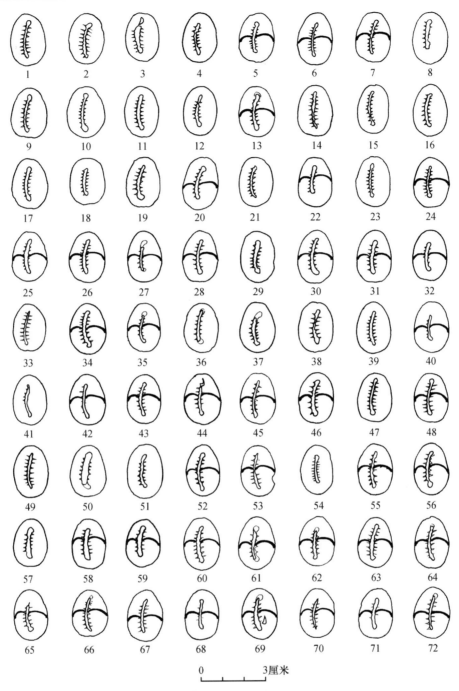

0 ———————— 3厘米

图2-2-104　M6出土铜贝（二）

1. M6：41-196　2. M6：41-197　3. M6：41-198　4. M6：41-199　5. M6：41-200　6. M6：41-201　7. M6：41-202　8. M6：41-203

9. M6：41-204　10. M6：41-205　11. M6：41-206　12. M6：41-207　13. M6：41-208　14. M6：41-209　15. M6：41-210

16. M6：41-211　17. M6：41-212　18. M6：41-213　19. M6：41-214　20. M6：41-215　21. M6：41-216　22. M6：41-217

23. M6：41-218　24. M6：41-219　25. M6：41-220　26. M6：41-221　27. M6：41-222　28. M6：41-223　29. M6：41-224

30. M6：41-225　31. M6：41-226　32. M6：41-227　33. M6：41-228　34. M6：41-229　35. M6：41-230　36. M6：41-231

37. M6：41-232　38. M6：41-233　39. M6：41-234　40. M6：41-235　41. M6：41-236　42. M6：41-237　43. M6：41-238

44. M6：41-239　45. M6：41-240　46. M6：41-241　47. M6：41-242　48. M6：41-243　49. M6：41-244　50. M6：41-245

51. M6：41-246　52. M6：41-247　53. M6：41-248　54. M6：41-249　55. M6：41-250　56. M6：41-251　57. M6：41-252

58. M6：41-253　59. M6：41-254　60. M6：41-255　61. M6：41-256　62. M6：41-257　63. M6：41-258　64. M6：41-259

65. M6：41-260　66. M6：41-261　67. M6：41-262　68. M6：41-263　69. M6：41-264　70. M6：41-265　71. M6：41-266

72. M6：41-267

0　　　　3厘米

图2-2-105　M6出土铜贝（三）

1. M6：41-268　2. M6：41-269　3. M6：41-270　4. M6：41-271　5. M6：41-272　6. M6：41-273　7. M6：41-274　8. M6：41-275

9. M6：41-276　10. M6：41-277　11. M6：41-278　12. M6：41-279　13. M6：41-280　14. M6：41-281　15. M6：41-282

16. M6：41-283　17. M6：41-284　18. M6：41-285　19. M6：41-286　20. M6：41-287　21. M6：41-288　22. M6：41-289

23. M6：41-290　24. M6：41-291　25. M6：41-292　26. M6：41-293　27. M6：41-294　28. M6：41-295　29. M6：41-296

30. M6：41-297　31. M6：41-298　32. M6：41-299　33. M6：41-300　34. M6：41-301　35. M6：41-302　36. M6：41-303

37. M6：41-304　38. M6：41-305　39. M6：41-306　40. M6：41-307　41. M6：41-308　42. M6：41-309　43. M6：41-310

44. M6：41-311　45. M6：41-312　46. M6：41-313　47. M6：41-314　48. M6：41-315　49. M6：41-316　50. M6：41-317

51. M6：41-318　52. M6：41-319　53. M6：41-320　54. M6：41-321　55. M6：41-322　56. M6：41-323　57. M6：41-324

58. M6：41-325　59. M6：41-326　60. M6：41-327　61. M6：41-328　62. M6：41-329　63. M6：41-330　64. M6：41-331

65. M6：41-332　66. M6：41-333　67. M6：41-334　68. M6：41-335　69. M6：41-336　70. M6：41-337　71. M6：41-338

72. M6：41-339

图2-2-106　M6出土铜贝（四）

1. M6：41-340　2. M6：41-341　3. M6：41-342　4. M6：41-343　5. M6：41-344　6. M6：41-345　7. M6：41-346　8. M6：41-347

9. M6：41-348　10. M6：41-349　11. M6：41-350　12. M6：41-351　13. M6：41-352　14. M6：41-353　15. M6：41-354

16. M6：84-33　17. M6：84-34　18. M6：84-35　19. M6：84-36　20. M6：84-37　21. M6：84-38　22. M6：84-39　23. M6：84-40

24. M6：84-41　25. M6：84-42　26. M6：84-43　27. M6：84-44　28. M6：84-45　29. M6：84-46　30. M6：84-47　31. M6：84-48

32. M6：84-89　33. M6：84-49　34. M6：84-50　35. M6：84-51　36. M6：84-52　37. M6：84-53　38. M6：84-54　39. M6：84-55

40. M6：84-56　41. M6：84-57　42. M6：84-58　43. M6：84-59　44. M6：84-60　45. M6：84-61　46. M6：84-62　47. M6：84-63

48. M6：84-64　49. M6：84-65　50. M6：84-66　51. M6：84-67　52. M6：84-68　53. M6：84-69　54. M6：84-70　55. M6：84-71

56. M6：84-72　57. M6：84-73　58. M6：84-74　59. M6：84-75　60. M6：84-76　61. M6：84-77　62. M6：84-78　63. M6：84-79

64. M6：84-80　65. M6：84-81　66. M6：84-82　67. M6：84-83　68. M6：84-84　69. M6：84-85　70. M6：84-86　71. M6：84-87

72. M6：84-88

长2.2厘米。M6：84-70，长2.3厘米。M6：84-71，长2.2厘米。M6：84-72，长2.2厘米。M6：84-73，长2.3厘米。M6：84-74，长2.3厘米。M6：84-75，长2.3厘米。M6：84-76，长2.3厘米。M6：84-77，长2.3厘米。M6：84-78，长2.3厘米。M6：84-79，长2.3厘米。M6：84-80，长2.2厘米。M6：84-81，长2.4厘米。M6：84-82，长2.3厘米。M6：84-83，长2.3厘米。M6：84-84，长2.3厘米。M6：84-85，长2.3厘米。M6：84-86，长2.4厘米。M6：84-87，长2.2厘米。M6：84-88，长2.2厘米。M6：84-89，长2.4厘米（图2-2-106，16～72）。M6：84-90，长2.3厘米。M6：84-91，长2.4厘米。M6：84-92，长2.2厘米。M6：84-93，长2.2厘米。M6：84-94，长2.3厘米。M6：84-95，长2.2厘米。M6：84-96，长2.2厘米。M6：84-97，长2.3厘米。M6：84-98，长2.1厘米。M6：84-99，长2.4厘米。M6：84-100，长2.4厘米。M6：84-101，长2.3厘米。M6：84-102，长2.2厘米。M6：84-103，长2.2厘米。M6：84-104，长2.2厘米。M6：84-105，长2.2厘米。M6：84-106，长2.3厘米。M6：84-107，长2.2厘米。M6：84-108，长2.2厘米。M6：84-109，长2.3厘米。M6：84-110，长2.2厘米。M6：84-111，长2.2厘米。M6：84-112，长2.1厘米。M6：84-113，长2.3厘米。M6：84-114，长2.2厘米。M6：84-115，长2.1厘米。M6：84-116，长2.3厘米。M6：84-117，长2.2厘米。M6：84-118，长2.3厘米。M6：84-119，长2.4厘米。M6：84-120，长2.3厘米。M6：84-121，长2.3厘米。M6：84-122，长2.4厘米。M6：84-123，长2.3厘米。M6：84-124，长2.3厘米。M6：84-125，长2.3厘米。M6：84-126，长2.2厘米。M6：84-127，长2.1厘米。M6：84-128，长2.4厘米。M6：84-129，长2.3厘米。M6：84-130，长2.3厘米。M6：84-131，长2.4厘米。M6：84-132，长2.2厘米。M6：84-133，长2.2厘米。M6：84-134，长2.2厘米。M6：84-135，长2.3厘米。M6：84-136，长2.4厘米。M6：84-137，长2.2厘米。M6：84-138，长2.3厘米。M6：84-139，长2.4厘米。M6：84-140，长2.3厘米。M6：84-141，长2.4厘米。M6：84-142，长2.2厘米。M6：84-143，长2.2厘米。M6：84-144，长2.4厘米。M6：84-145，长2.2厘米。M6：84-146，长2.3厘米。M6：84-147，长2.2厘米。M6：84-148，长2.2厘米。M6：84-149，长2.2厘米。M6：84-150，长2.3厘米。M6：84-151，长2.3厘米。M6：84-152，长2.3厘米。M6：84-153，长2.2厘米。M6：84-154，长2.3厘米。M6：84-155，长2.2厘米。M6：84-156，长2.3厘米。M6：84-157，长2.4厘米。M6：84-158，长2.3厘米。M6：84-159，长2.3厘米。M6：84-160，长2.2厘米。M6：84-161，长2.2厘米（图2-2-107）。M6：84-162，长2.2厘米。M6：84-163，长2.3厘米。M6：84-164，长2.3厘米。M6：84-165，长2.3厘米。M6：84-166，长2.2厘米。M6：84-167，长2.3厘米。M6：84-168，长2.2厘米。M6：84-169，长2.2厘米。M6：84-170，长2.2厘米。M6：84-171，长2.2厘米。M6：84-172，长2.2厘米。M6：84-173，长2.3厘米。M6：84-174，长2.2厘米。M6：84-175，长2.3厘米。M6：84-176，长2.2厘米。M6：84-177，长2.2厘米。M6：84-178，长2.1厘米。M6：84-179，长2.3厘米。M6：84-180，长2.2厘米。M6：84-181，长2.2厘米。M6：84-182，长2.2厘米（图2-2-108）。

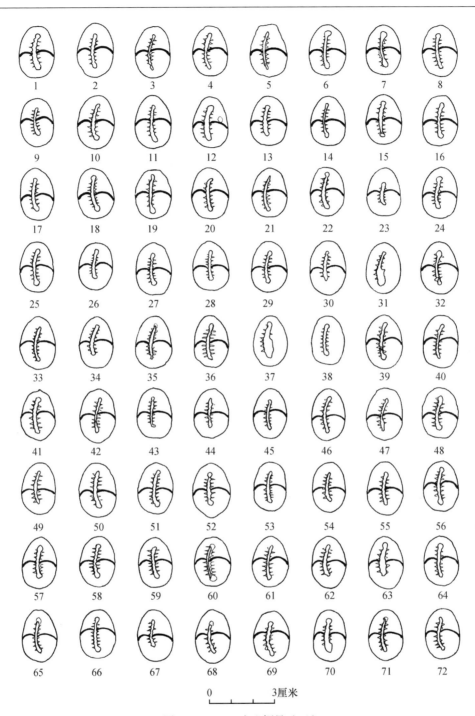

图2-2-107 M6出土铜贝（五）

1. M6∶84-90 2. M6∶84-91 3. M6∶84-92 4. M6∶84-93 5. M6∶84-94 6. M6∶84-95 7. M6∶84-96 8. M6∶84-97

9. M6∶84-98 10. M6∶84-99 11. M6∶84-100 12. M6∶84-101 13. M6∶84-102 14. M6∶84-103 15. M6∶84-104

16. M6∶84-105 17. M6∶84-106 18. M6∶84-107 19. M6∶84-108 20. M6∶84-109 21. M6∶84-110 22. M6∶84-111

23. M6∶84-112 24. M6∶84-113 25. M6∶84-114 26. M6∶84-115 27. M6∶84-116 28. M6∶84-117 29. M6∶84-118

30. M6∶84-119 31. M6∶84-120 32. M6∶84-121 33. M6∶84-122 34. M6∶84-123 35. M6∶84-124 36. M6∶84-125

37. M6∶84-126 38. M6∶84-127 39. M6∶84-128 40. M6∶84-129 41. M6∶84-130 42. M6∶84-131 43. M6∶84-132

44. M6∶84-133 45. M6∶84-134 46. M6∶84-135 47. M6∶84-136 48. M6∶84-137 49. M6∶84-138 50. M6∶84-139

51. M6∶84-140 52. M6∶84-141 53. M6∶84-142 54. M6∶84-143 55. M6∶84-144 56. M6∶84-145 57. M6∶84-146

58. M6∶84-147 59. M6∶84-148 60. M6∶84-149 61. M6∶84-150 62. M6∶84-151 63. M6∶84-152 64. M6∶84-153

65. M6∶84-154 66. M6∶84-155 67. M6∶84-156 68. M6∶84-157 69. M6∶84-158 70. M6∶84-159 71. M6∶84-160

72. M6∶84-161

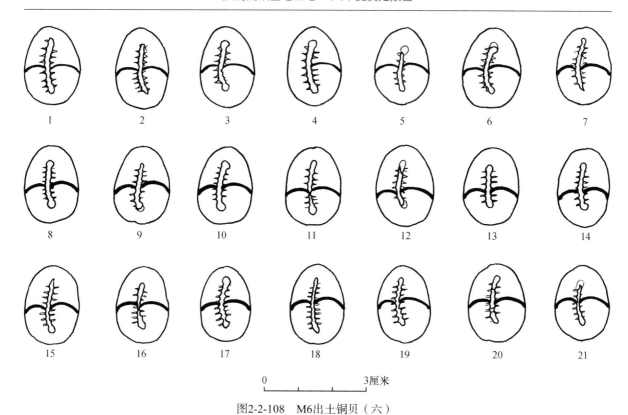

图2-2-108　M6出土铜贝（六）

1. M6：84-162　2. M6：84-163　3. M6：84-164　4. M6：84-165　5. M6：84-166　6. M6：84-167　7. M6：84-168　8. M6：84-169
9. M6：84-170　10. M6：84-171　11. M6：84-172　12. M6：84-173　13. M6：84-174　14. M6：84-175　15. M6：84-176
16. M6：84-177　17. M6：84-178　18. M6：84-179　19. M6：84-180　20. M6：84-181　21. M6：84-182

7. 陶器

有鬲、罐。

鬲　1件。M6：81，器型较小，平折沿，起棱，束颈，鼓肩，平弧裆，三锥足略尖。肩部以下拍印绳纹，局部涂抹。口径13、高9.5厘米（图2-2-109，1；图版一六七，1）。

罐　5件。皆残。器型略有差异。M6：86，敞口，斜折沿，短束颈，圆肩，斜弧腹，平底。肩部以下饰绳纹。泥质灰褐陶。口径12.2、底径10.3、肩径18、高16.8厘米（图2-2-109，4；图版一六七，2）。M6：94，敞口，短沿，束颈，圆肩，斜弧腹，平底。肩部以下饰绳纹。泥质灰褐陶。口径14、底径10.6、肩径19、高16厘米（图2-2-109，5；图版一六八，1）。M6：99，直口，平折沿，束颈，折肩上鼓，斜腹，平底。底部局部饰绳纹。泥质黑皮陶。口径10、肩径16.5、底径9、高15.8厘米（图2-2-109，2；图版一六九，2）。M6：95，器型同M6：99。肩更圆。底部有明显旋坯痕。泥质黑皮陶。口径13.5、肩径19、底径9-9.3、高18.9厘米（图2-2-109，6；图版一六九，1）。M6：101，器身较矮，直口，平折沿，短束颈，圆肩略折，斜腹微鼓，平底。器壁局部饰绳纹。泥质灰陶。口径10.5、底径11.4、肩径16、高12.8厘米（图2-2-109，3；图版一六八，2）。

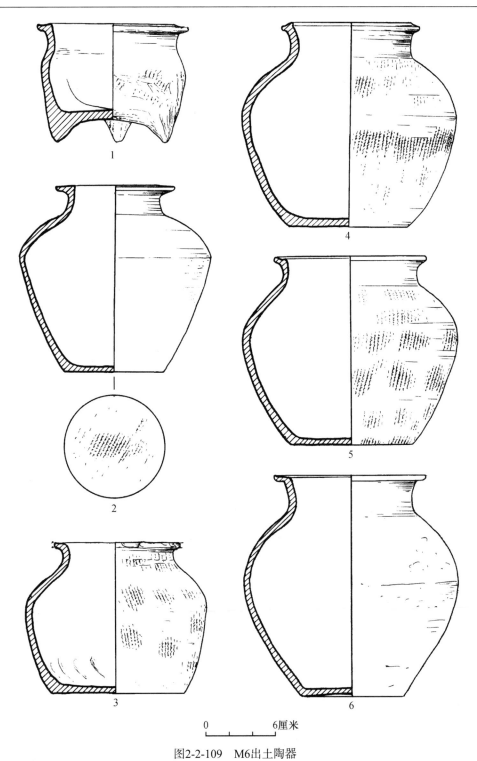

图2-2-109 M6出土陶器

1. 鬲（M6：81） 2~6. 罐（M6：99、M6：101、M6：86、M6：94、M6：95）

8. 金器

仅见兽面饰。14件。长方形薄片，下边两端倭角，四边向内弯折，应包裹附着在其他器物之上，器表正面錾刻兽面纹，兽面左右对称，双角上翘，线条纤细流畅。M6：69，残。长5.2、宽4.2厘米（图2-2-110，1；图版一七〇，1）。M6：70，基本完整。长5.2、宽4、包边厚0.2厘米（图2-2-110，2；图版一七〇，3、4）。M6：71，基本完整。长5.2、宽4.2、包边厚0.2厘米（图2-2-110，3；图版一七〇，5、6）。M6：72，残。长5.2、宽4厘米（图2-2-110，5；图版一七〇，2）。M6：75，稍残。长5.2、宽4.2厘米（图2-2-110，4；图版一七一，1、2，）。M6：76，基本完整。长5.4、宽4.2厘米（图2-2-110，8；图版一七一，3、4）。M6：77，残。长5.2、宽4.1厘米（图2-2-110，7；图版一七一，5）。M6：78，残。长5.2、宽4.3厘米（图2-2-111，1；图版一七一，6）。M6：79，残。残长3.5、宽4厘米（图2-2-111，3；图版一七二，1）。M6：80，基本完整。长5.2、宽4厘米（图2-2-110，9；图版一七二，2）。M6：82，基本完整。长5.2、宽4.2厘米（图2-2-110，6；图版一七二，3）。M6：89，基本完整。长5、宽4厘米（图2-2-111，2；图版一七二，5、6）。M6：90，残。残长4.4、宽4厘米（图2-2-111，4；图版一七二，4）。M6采：1，残碎数块，无法拼接，最大块残长4厘米。

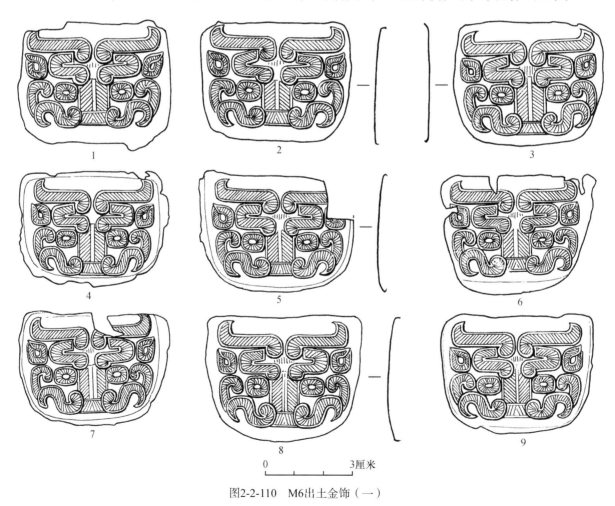

图2-2-110　M6出土金饰（一）

1. M6：69　2. M6：70　3. M6：71　4. M6：75　5. M6：72　6. M6：82　7. M6：77　8. M6：76　9. M6：80

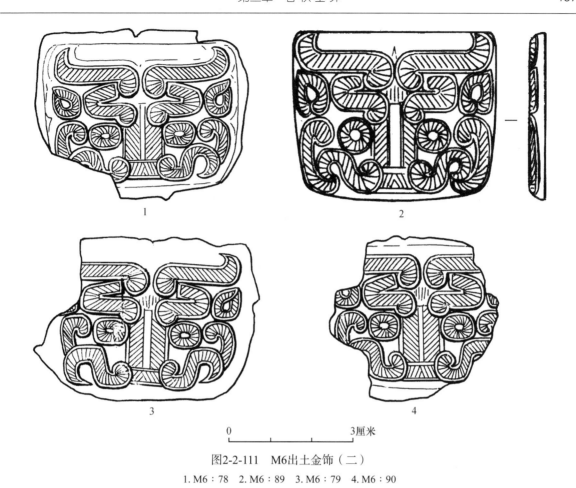

图2-2-111　M6出土金饰（二）

1. M6：78　2. M6：89　3. M6：79　4. M6：90

9. 石器

有磬、尺形器、管形饰、圭、片饰等。

磬　10件。形制大致相同，大小依次递减。锯顶形，顶端有孔。素面。青灰色页岩，质地细腻。大多打磨，个别背面粗糙（图2-2-112、图2-2-113；图版一七三）。M6：85-1，股上边24、鼓上边40.5、股博13.5、鼓博10.5、底边47、孔径1.6～2.1、厚2.5～2.9厘米。M6：85-2，股上边21、鼓上边37.5、股博14、鼓博10.5、底边41.5、孔径1.9～2.3、厚2.5～3.2厘米。M6：85-3，股上边20.5、鼓上边30.2、股博12、鼓博8.5、底边39、孔径1.3～2.1、厚2.7～3厘米。M6：85-4，股上边20、鼓上边28.2、股博11.8、鼓博8、底边34、孔径2.1～2.4、厚2.3～3.3厘米。M6：85-5，股上边17.3、鼓上边27、股博12、鼓博8.5、底边31.8、孔径1.4、厚2.2～2.5厘米。M6：85-6，股上边15、鼓上边25、股博10.5、鼓博7、底边28.2、孔径1.4～1.8、厚2.3～3厘米。M6：85-7，股上边12.4、鼓上边22.5、股博9.5、鼓博7.5、底边25、孔径1.5～2、厚1.8～2.8厘米。M6：85-8，股上边11.7、鼓上边21.3、股博8.5、鼓博6.3、底边23.8、孔径1.3～1.8、厚2.3～2.4厘米。M6：85-9，股上边10.1、鼓上边19.2、股博8.5、鼓博6、底边21.8、孔径1.7～2.3、厚1.7～2.8厘米。M6：85-10，股上边11、鼓上边18.2、股博8、鼓博6.2、底边20、孔径1.6～2、厚2.2～2.5厘米。

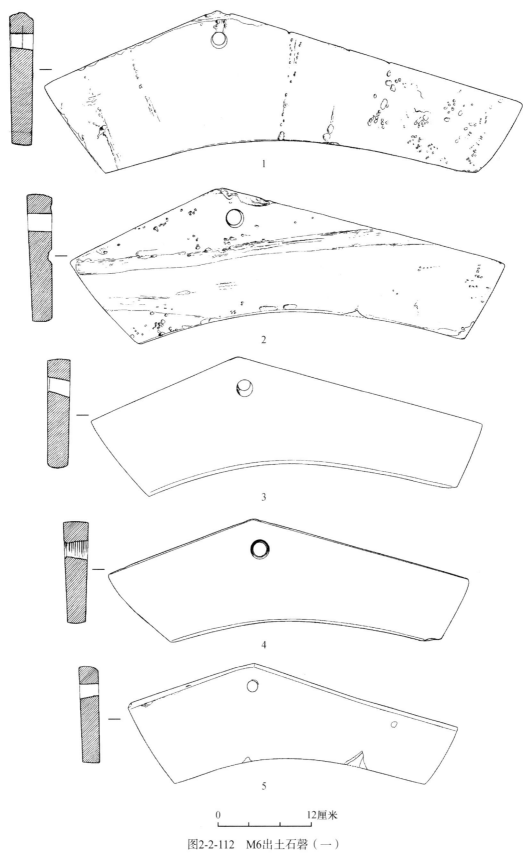

0　　　　　　　　12厘米

图2-2-112　M6出土石磬（一）

1. M6：85-1　2. M6：85-2　3. M6：85-3　4. M6：85-4　5. M6：85-5

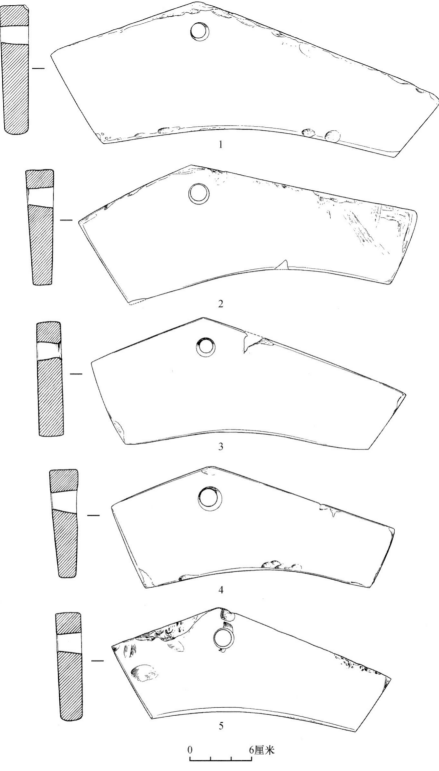

0　　　　　　6厘米

图2-2-113　M6出土石磬（二）

1. M6：85-6　　2. M6：85-7　　3. M6：85-8　　4. M6：85-9　　5. M6：85-10

尺形器　1件。M6：39，长条形。素面。褐绿色，石质稍软，细腻，闪金点。器表有磨损痕迹。或为磨刀石。长20.2、宽3、厚0.7～1厘米（图2-2-114，1；图版一七四，1、2）。

管形饰　1件。M6：97，残存少半。管形，中空。素面。草绿色，石质较软，颗粒较粗，易掉，夹杂石英。孔内器表有一层白色物质，磨光。残高2.2厘米（图2-2-114，6；图版一七四，3、4）。

圭　28件。M6：2，残碎24件。一端三角头，一端长方形，扁体。大多残损。素面。石质稍硬，有层状节理，灰黑色，闪金星，似为页岩（图2-2-115；图版一七四，5）。标本M6：2-1，复原长13.3、厚0.4厘米，其余残长1.3～7、厚0.3～0.4厘米。

M6：5，2件。M6：5-1，残。长方形，体薄，一侧边缘稍高。素面。切割痕明显。石质较

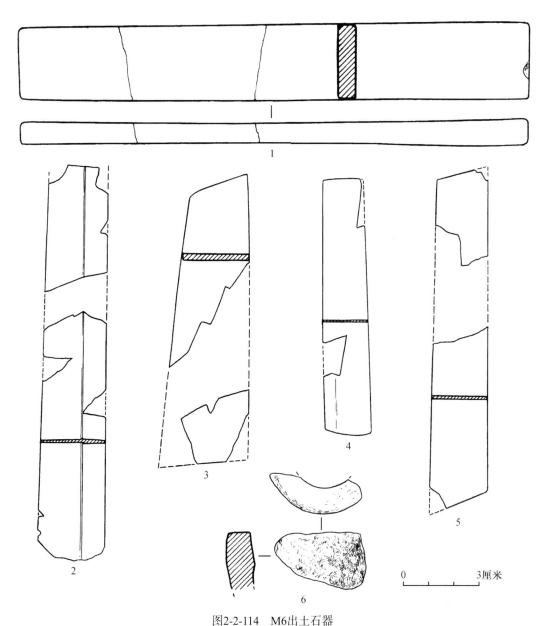

图2-2-114　M6出土石器

1.尺形器（M6：39）　2～5.圭（M6：5-1、M6：4-1、M6：4-2、M6：5-2）　6.管形饰（M6：97）

脆硬，黄白色夹杂雪花状黑色石纹，器表打磨光洁。残长15、宽2.3~2.6厘米（图2-2-114，2；图版一七五，3、4）。M6：5-2，残断，可复原。平面呈长条平行四边形，器身很薄。素面。石质薄脆硬，灰黑色。复原长13.2、宽2~2.3厘米（图2-2-114，5；图版一七五，5）。

M6：4，2件。M6：4-1，残。不规则梯形，体较薄，一侧边缘稍高，出尖。素面。石质稍硬，细腻光洁，粉白色。器表粘有朱砂。残长11、宽2.5~3.6厘米（图2-2-114，3；图版一七五，1）。M6：4-2，残。近长方形，一端稍窄，两端微弧，体薄。素面。石质薄脆硬，灰黑色。长9.8、宽1.6~1.8厘米（图2-2-114，4；图版一七五，2）。

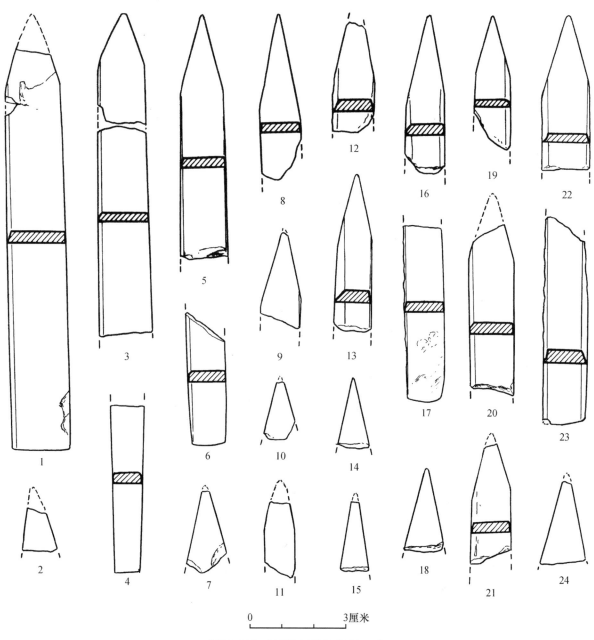

0   3厘米

图2-2-115　M6出土石圭（M6：2）

1. M6：2-1　2. M6：2-12　3. M6：2-2　4. M6：2-24　5. M6：2-3　6. M6：2-23　7. M6：2-18　8. M6：2-4　9. M6：2-11
10. M6：2-13　11. M6：2-19　12. M6：2-5　13. M6：2-10　14. M6：2-16　15. M6：2-17　16. M6：2-6　17. M6：2-22
18. M6：2-15　19. M6：2-7　20. M6：2-20　21. M6：2-8　22. M6：2-9　23. M6：2-21　24. M6：2-14

10. 骨器

镳　大多残碎严重，无法复原，个体在10件左右。皆由兽骨刮削磨制而成，形似相似。八棱体，微曲，呈兽角形，两端粗细不一，截面齐平，中部体侧穿二长方孔。通体磨光。标本M6∶48-1，复原长14.1厘米（图2-2-116，1；图版一七六，2左、3左）。标本M6∶48-2，复原长14.6厘米（图2-2-116，2；图版一七六，2右、3右）。标本M6∶37，残碎严重。无法复原（图版一七六，1）。

贝　完整或较完整者252件，总数近千枚。仿海贝，中央开槽，两侧有齿，背面上下穿圆孔。兽骨切割后磨制而成，器表有打磨痕（图版一七七~图版一八一）。

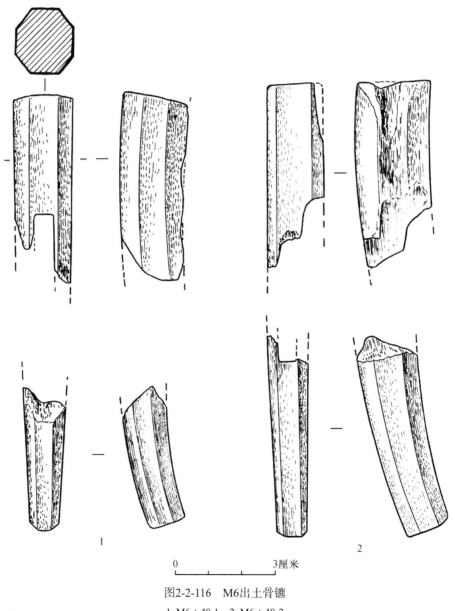

0　　　　　　3厘米

图2-2-116　M6出土骨镳
1. M6∶48-1　2. M6∶48-2

M6：41-1，长2.3厘米。M6：41-2，长2.2厘米。M6：41-3，长2.3厘米。M6：41-4，长2.5厘米。M6：41-5，稍残。长2.5厘米。M6：41-6，长2.5厘米。M6：41-7，长2.5厘米。M6：41-8，长2.2厘米。M6：41-9，长2.6厘米。M6：41-10，稍残。残长2.2厘米。M6：41-11，长2.4厘米。M6：41-12，长2.2厘米。M6：41-13，长2.2厘米。M6：41-14，长2.4厘米。M6：41-15，长2.2厘米。M6：41-16，长2.3厘米。M6：41-17，长2.5厘米。M6：41-18，长2.3厘米。M6：41-19，长2.4厘米。M6：41-20，长2.3厘米。M6：41-21，长2.4厘米。M6：41-22，长2.4厘米。M6：41-23，长2.2厘米。M6：41-24，长2.6厘米（图2-117）。M6：41-25，长2.5厘米。M6：41-26，长2.6厘米。M6：41-27，长2.7厘米。M6：41-28，稍残。残长2.4厘米。M6：41-29，长2.6厘米。M6：41-30，长2.8厘米。M6：41-31，长2.6厘米。M6：41-32，长2.4厘米。M6：41-33，长2.5厘米。M6：41-34，长2.5厘米。M6：41-35，长2.7厘米。M6：41-36，长2.4厘米。M6：41-37，稍残。长2.5厘米。M6：41-38，稍残。长2.5厘米。M6：41-39，长2.6厘米。M6：41-10，长2.3厘米。M6：41-41，长2.7厘米。M6：41-42，长2.4厘米。M6：41-43，长2.3厘米。M6：41-44，长2.6厘米。M6：41-45，长2.4厘米。M6：41-46，长2.6厘米。M6：41-47，长2.6厘米。M6：41-48，长2.4厘米（图2-118）。M6：41-49，长2.3厘米。M6：41-50，长2.5厘米。M6：41-51，长2.5厘米。M6：41-52，稍残。长2.4厘米。M6：41-53，长2.5厘米。M6：41-54，稍残。长2.3厘米。M6：41-55，长2.1厘米。M6：41-56，长2.2厘米。M6：41-57，长2.2厘米。M6：41-58，长2.4厘米。M6：41-59，长2.6厘米。M6：41-60，稍残。长2.8厘米。M6：41-61，长2.5厘米。M6：41-62，稍残。长2.3厘米。M6：41-63，长2.4厘米。M6：41-64，长2.1厘米。M6：41-65，稍残。长2.5厘米。M6：41-66，稍残。残长2.1厘米。M6：41-67，长2.3厘米。M6：41-68，稍残。长2.4厘米。M6：41-69，稍残。长2.5厘米。M6：41-70，长2.7厘米。M6：41-71，稍残。长2.2厘米。M6：41-72，长2厘米（图2-119）。M6：41-73，长2.6厘米。M6：41-74，稍残。长2.2厘米。M6：41-75，稍残。残长2.4厘米。M6：41-76，稍残。残长2.2厘米。M6：41-77，稍残。长2.2厘米。M6：41-78，稍残。长2.1厘米。M6：41-79，长2.5厘米。M6：41-80，长2.4厘米。M6：41-81，稍残。长2.5厘米。M6：41-82，长2.5厘米。M6：41-83，稍残。长2.6厘米。M6：41-84，长2.2厘米。M6：41-85，稍残。残长2.4厘米。M6：41-86，长2.3厘米。M6：41-87，长2.1厘米。M6：41-88，稍残。长2.1厘米。M6：41-89，长2.6厘米。M6：41-90，长2.4厘米。M6：41-91，长2.3厘米。M6：41-92，长2.6厘米。M6：41-93，长2.5厘米。M6：41-94，长2.7厘米。M6：41-95，长2.4厘米。M6：41-96，长2.2厘米（图2-120）。M6：41-97，长2.5厘米。M6：41-98，长2.6厘米。M6：41-99，长2.6厘米。M6：41-100，长2.4厘米。M6：41-101，长2.3厘米。M6：41-102，长2.5厘米。M6：41-103，长2.2厘米。M6：41-104，长2.5厘米。M6：41-105，长2.5厘米。M6：41-106，长2.4厘米。M6：41-107，长2.5厘米。M6：41-108，长2.4厘米。M6：41-109，长2.4厘米。M6：41-110，长2.6厘米。M6：41-111，长2.5厘米。M6：41-112，

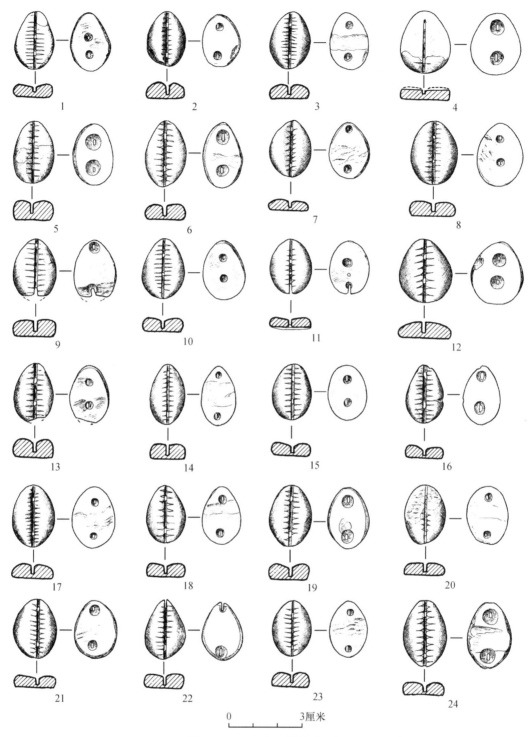

图2-2-117　M6出土骨贝（一）

1. M6：41-1　2. M6：41-2　3. M6：41-3　4. M6：41-5　5. M6：41-4　6. M6：41-9　7. M6：41-8　8. M6：41-6
9. M6：41-10　10. M6：41-11　11. M6：41-12　12. M6：41-7　13. M6：41-13　14. M6：41-14　15. M6：41-15
16. M6：41-16　17. M6：41-17　18. M6：41-18　19. M6：41-19　20. M6：41-20　21. M6：41-21　22. M6：41-22
23. M6：41-23　24. M6：41-24

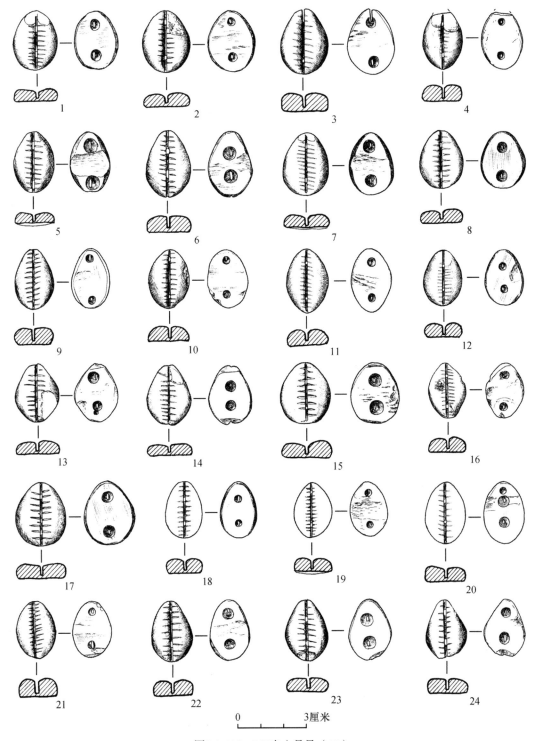

图2-2-118 M6出土骨贝（二）

1. M6：41-25 2. M6：41-26 3. M6：41-27 4. M6：41-28 5. M6：41-29 6. M6：41-30 7. M6：41-31 8. M6：41-32
9. M6：41-33 10. M6：41-34 11. M6：41-35 12. M6：41-36 13. M6：41-37 14. M6：41-38 15. M6：41-39
16. M6：41-40 17. M6：41-41 18. M6：41-42 19. M6：41-43 20. M6：41-44 21. M6：41-45 22. M6：41-46
23. M6：41-47 24. M6：41-48

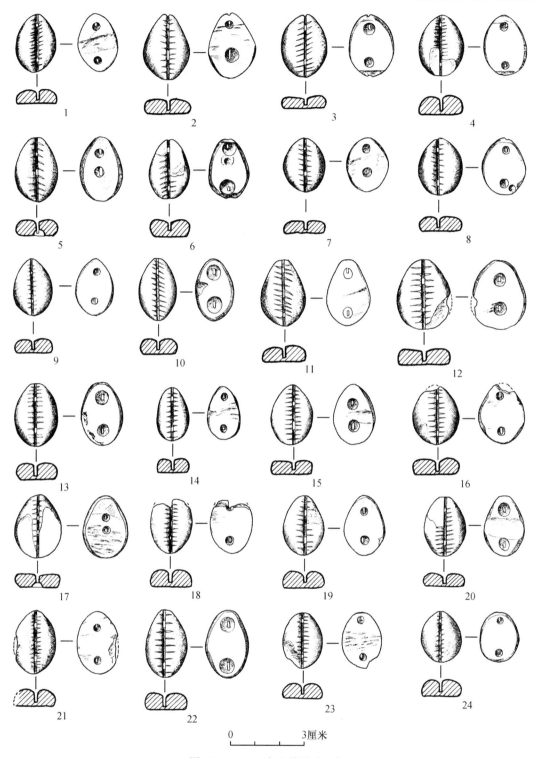

0　　　　　　3厘米

图2-2-119　M6出土骨贝（三）

1. M6：41-49　2. M6：41-50　3. M6：41-51　4. M6：41-52　5. M6：41-53　6. M6：41-54　7. M6：41-55　8. M6：41-56

9. M6：41-57　10. M6：41-58　11. M6：41-59　12. M6：41-60　13. M6：41-61　14. M6：41-64　15. M6：41-63

16. M6：41-62　17. M6：41-65　18. M6：41-66　19. M6：41-67　20. M6：41-68　21. M6：41-69　22. M6：41-70

23. M6：41-71　24. M6：41-72

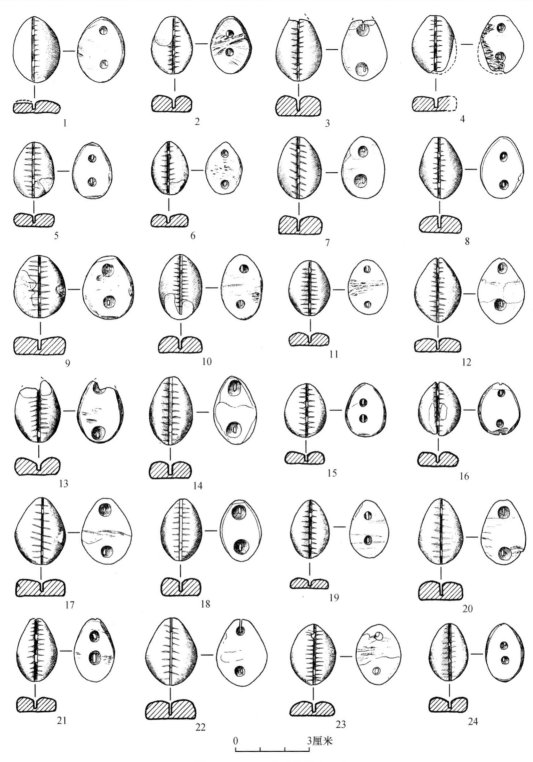

图2-2-120 M6出土骨贝（四）

1. M6：41-73 2. M6：41-74 3. M6：41-75 4. M6：41-76 5. M6：41-77 6. M6：41-78 7. M6：41-79 8. M6：41-80
9. M6：41-81 10. M6：41-83 11. M6：41-84 12. M6：41-82 13. M6：41-85 14. M6：41-86 15. M6：41-87
16. M6：41-88 17. M6：41-89 18. M6：41-90 19. M6：41-91 20. M6：41-92 21. M6：41-93 22. M6：41-94
23. M6：41-95 24. M6：41-96

长2.5厘米。M6：41-113，长2.5厘米。M6：41-114，长2.3厘米。M6：41-115，长2.3厘米。M6：41-116，长2.4厘米。M6：41-117，长2.4厘米。M6：41-118，长2.3厘米。M6：41-119，长2.6厘米。M6：41-120，长2.2厘米（图2-2-121）。M6：41-121，长2.5厘米。M6：41-122，长2.4厘米。M6：41-123，长2.7厘米。M6：41-124，长2.6厘米。M6：41-125，稍残。长2.3厘米。M6：41-126，稍残。长2.3厘米。M6：41-127，稍残。长2.4厘米。M6：41-128，稍残。长2.5厘米。M6：41-129，稍残。长2.2厘米。M6：41-130，长2.1厘米。M6：41-131，长2.6厘米。M6：41-132，长2.3厘米。M6：41-133，稍残。长2.3厘米。M6：41-134，稍残。残长2厘米。M6：41-135，长2.5厘米。M6：41-136，长2.4厘米。M6：41-137，长2.1厘米。M6：41-138，稍残。长2厘米。M6：41-139，稍残。残长2.5厘米。M6：41-140，残。残长2厘米。M6：41-141，残。残长2.2厘米。M6：41-142，残。残长2厘米。M6：41-143，残。残长2.2厘米。M6：41-144，稍残。残长2.3厘米（图2-2-122）。

M6：84-1，长2.5厘米。M6：84-2，长2.5厘米。M6：84-3，长2.3厘米。M6：84-4，长2.6厘米。M6：84-5，长2.5厘米。M6：84-6，长2.6厘米。M6：84-7，稍残。残长2.3厘米。M6：84-8，长2.4厘米。M6：84-9，长2.4厘米。M6：84-10，长2.5厘米。M6：84-11，稍残。残长2.2厘米。M6：84-12，长2.3厘米。M6：84-13，长2.6厘米。M6：84-14，稍残。残长2.4厘米。M6：84-15，长2.6厘米。M6：84-16，稍残。残长2.1厘米。M6：84-17，长2.5厘米。M6：84-18，长2.5厘米。M6：84-19，长2.3厘米。M6：84-20，长2.4厘米。M6：84-21，稍残。残长2.1厘米。M6：84-22，长2.3厘米。M6：84-23，长2.4厘米。M6：84-24，稍残。长2.4厘米（图2-2-123）。M6：84-25，稍残。长2.4厘米。M6：84-26，长2.4厘米。M6：84-27，稍残。残长1.9厘米。M6：84-28，长2.3厘米。M6：84-29，长2.5厘米。M6：84-30，残。残长1.8厘米。M6：84-31，长2.3厘米。M6：84-32，长2.3厘米（图2-2-124，1~8）。

M6：104-1，长2.2厘米。M6：104-2，长2.4厘米。M6：104-3，长2.4厘米。M6：104-4，长2.4厘米。M6：104-5，长2厘米。M6：104-6，长2.2厘米。M6：104-7，长2.1厘米。M6：104-8，长2.7厘米。M6：104-9，长2.4厘米。M6：104-10，长2.5厘米。M6：104-11，体薄，齿被打磨掉。长2.5厘米。M6：104-12，长2.2厘米。M6：104-13，长2.5厘米。M6：104-14，长2.2厘米。M6：104-15，长2.5厘米。M6：104-16，稍残，残长2.3厘米（图2-2-124，9~24）。M6：104-17，长2.4厘米。M6：104-18，长2.2厘米。M6：104-19，长2.4厘米。M6：104-20，长2.5厘米。M6：104-21，长2.5厘米。M6：104-22，长2.6厘米。M6：104-23，长2.6厘米。M6：104-24，长2.3厘米。M6：104-25，长2.4厘米。M6：104-26，长2.3厘米。M6：104-27，长2.6厘米。M6：104-28，长2.5厘米。M6：104-29，长2.4厘米。M6：104-30，长2.2厘米。M6：104-31，稍残。残长2.2厘米。M6：104-32，长2厘米。M6：104-33，长2.2厘米。M6：104-34，稍残。长2.5厘米。M6：104-35，稍残。长2.6厘米。M6：104-36，稍残。长2.3厘米。M6：104-37，长2.1厘米。M6：104-38，稍残。残长2.3厘米。M6：104-39，长2.2厘米。M6：104-40，长2.3厘米（图2-2-125）。M6：104-41，长2.5厘米。M6：104-42，长2.3厘米。M6：104-43，稍残。长2.5厘米。M6：104-44，稍残。长2.1厘

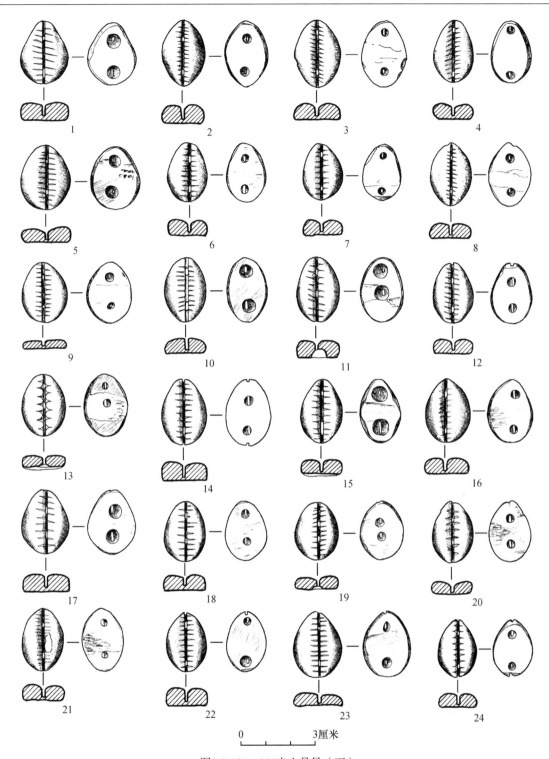

图2-2-121　M6出土骨贝（五）

1. M6：41-97　2. M6：41-98　3. M6：41-99　4. M6：41-100　5. M6：41-102　6. M6：41-101　7. M6：41-103　8. M6：41-104

9. M6：41-106　10. M6：41-105　11. M6：41-107　12. M6：41-108　13. M6：41-109　14. M6：41-110　15. M6：41-111

16. M6：41-112　17. M6：41-113　18. M6：41-114　19. M6：41-115　20. M6：41-116　21. M6：41-117　22. M6：41-118

23. M6：41-119　24. M6：41-120

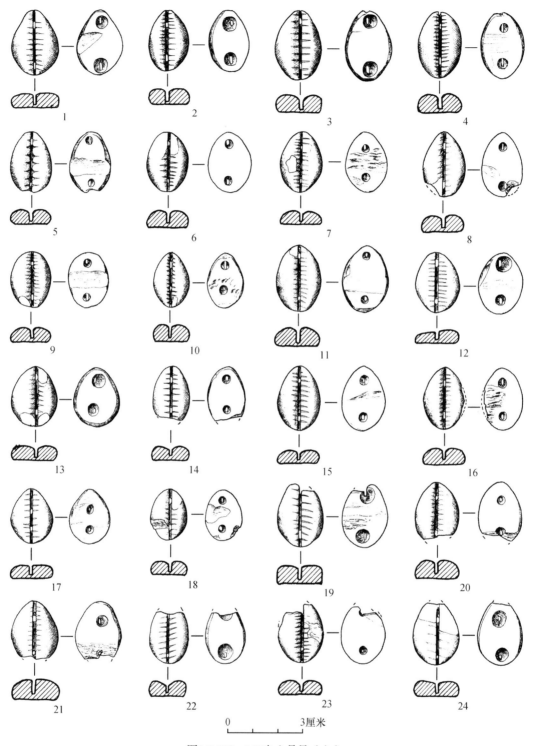

图2-2-122　M6出土骨贝（六）

1. M6：41-121　2. M6：41-122　3. M6：41-123　4. M6：41-124　5. M6：41-125　6. M6：41-126　7. M6：41-127
8. M6：41-128　9. M6：41-129　10. M6：41-130　11. M6：41-131　12. M6：41-132　13. M6：41-133　14. M6：41-134
15. M6：41-135　16. M6：41-136　17. M6：41-137　18. M6：41-138　19. M6：41-139　20. M6：41-140　21. M6：41-141
22. M6：41-142　23. M6：41-143　24. M6：41-144

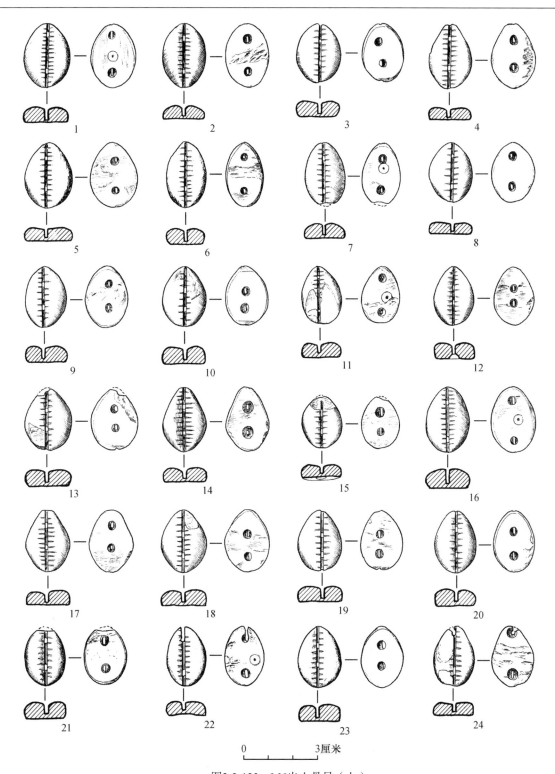

图2-2-123　M6出土骨贝（七）

1. M6：84-1　2. M6：84-2　3. M6：84-3　4. M6：84-4　5. M6：84-6　6. M6：84-5　7. M6：84-7　8. M6：84-8
9. M6：84-9　10. M6：84-10　11. M6：84-11　12. M6：84-12　13. M6：84-14　14. M6：84-13　15. M6：84-16
16. M6：84-15　17. M6：84-17　18. M6：84-18　19. M6：84-19　20. M6：84-20　21. M6：84-21　22. M6：84-22
23. M6：84-23　24. M6：84-24

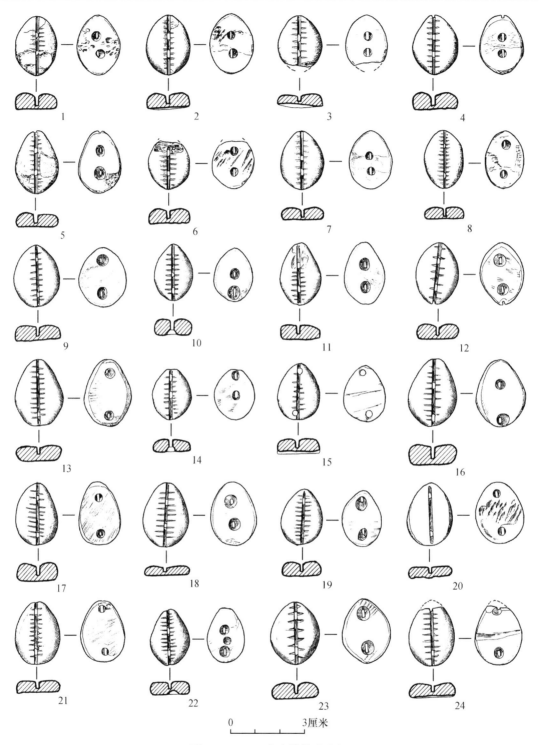

0　　　　　　3厘米

图2-2-124　M6出土骨贝（八）

1. M6：84-25　2. M6：84-26　3. M6：84-27　4. M6：84-28　5. M6：84-29　6. M6：84-30　7. M6：84-31　8. M6：84-32
9. M6：104-2　10. M6：104-1　11. M6：104-3　12. M6：104-4　13. M6：104-7　14. M6：104-5　15. M6：104-6
16. M6：104-8　17. M6：104-9　18. M6：104-10　19. M6：104-12　20. M6：104-11　21. M6：104-13　22. M6：104-14
23. M6：104-15　24. M6：104-16

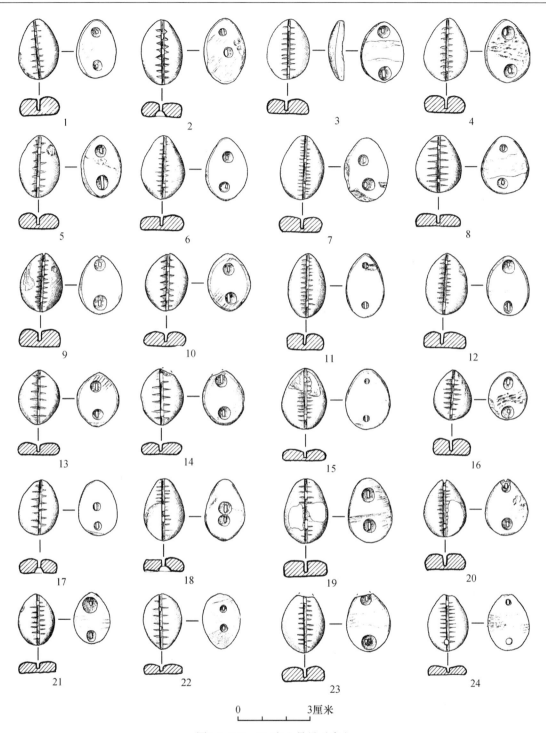

图2-2-125　M6出土骨贝（九）

1. M6：104-17　2. M6：104-18　3. M6：104-19　4. M6：104-20　5. M6：104-21　6. M6：104-22　7. M6：104-23
8. M6：104-24　9. M6：104-25　10. M6：104-26　11. M6：104-27　12. M6：104-28　13. M6：104-30　14. M6：104-31
15. M6：104-29　16. M6：104-32　17. M6：104-33　18. M6：104-34　19. M6：104-35　20. M6：104-36　21. M6：104-37
22. M6：104-39　23. M6：104-38　24. M6：104-40

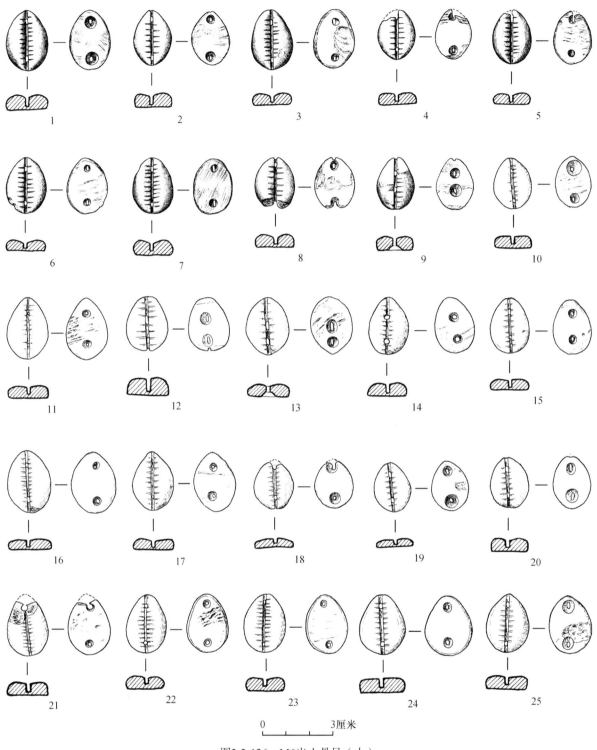

图2-2-126　M6出土骨贝（十）

1. M6：104-41　2. M6：104-42　3. M6：104-43　4. M6：104-44　5. M6：104-45　6. M6：104-46　7. M6：104-47

8. M6：104-48　9. M6：104-49　10. M6：152-2　11. M6：152-1　12. M6：152-3　13. M6：152-4　14. M6：152-8

15. M6：152-6　16. M6：152-5　17. M6：152-9　18. M6：152-10　19. M6：152-7　20. M6：152-12　21. M6：152-11

22. M6：137-1　23. M6：137-2　24. M6：137-3　25. M6：137-4

米。M6：104-45，稍残。长2.2厘米。M6：104-46，稍残。长2.3厘米。M6：104-47，长2.3厘米。M6：104-48，稍残。长2.1厘米。M6：104-49，稍残。长2.3厘米（图2-2-126，1~9）。

M6：152-1，长2.6厘米。M6：152-2，长2.1厘米。M6：152-3，长2.4厘米。M6：152-4，长2.4厘米。M6：152-5，长2.6厘米。M6：152-6，长2.3厘米。M6：152-7，长2厘米。M6：152-8，长2.4厘米。M6：152-9，长2.4厘米。M6：152-10，稍残。残长1.9厘米。M6：152-11，稍残。残长2.3厘米。M6：152-12，长2.1厘米（图2-2-126，10~21）。

M6：137，15件。标本M6：137-1，长2.4厘米。标本M6：137-2，长2.4厘米。标本M6：137-3，长2.5厘米。标本M6：137-4，长2.4厘米（图2-2-126，22~25）。

第三章　战国至秦墓葬

第一节　M7

一、墓葬形制

　　墓葬位于发掘区东北，西近M6，东邻H3，方向345°。墓口长方形，竖穴土坑，斜直壁，较粗糙，未经修整，墓底较平整，工具痕未见，口大底小。墓内填土为红褐色花土，夹杂钙质结核，较硬，经夯打，夯层明显，共9层，夯层厚度24～28厘米不等。墓口长2.6、宽1.72米，墓底长2.4、宽1.4米，距地表深3.3米（图3-1-1～图3-1-3；图版一八二；图版一八三，1）。

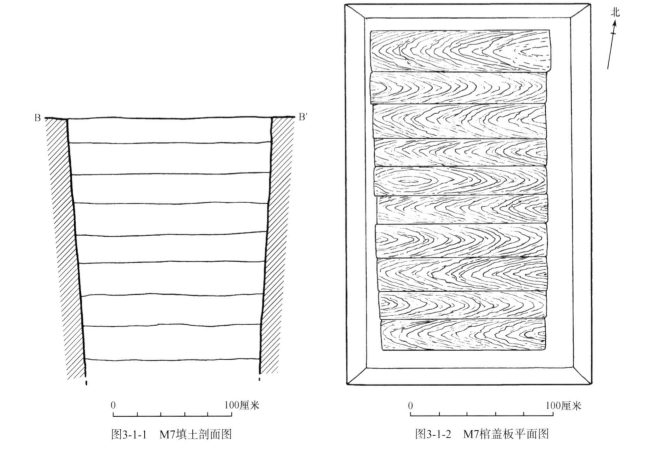

0   100厘米

图3-1-1　M7填土剖面图

0   100厘米

图3-1-2　M7棺盖板平面图

图3-1-3　M7平面、剖视图

1.陶罐

二、葬 具 葬 式

墓室置一木棺，朽甚，仅存棺木灰痕。盖板由10块东西向长方形木板平铺而成，挡板包裹帮板，挡板两侧出头，帮板不出头，底板无存，结构数目不详。棺外有熟土二层台，高0.44、宽约0.2米。棺长2.26、宽1.12、残高0.3、盖板厚0.05～0.1、立板厚约0.1米。

棺内盛放人骨一具，头北，面西，仰身直肢，上肢伸直放于身体两侧，肋骨、上肢骨较为凌乱，骨质较好。经鉴定，墓主人为一30岁左右女性。

三、出 土 器 物

随葬灰陶绳纹罐1件，放置于棺内墓主人头端右侧。

陶罐　1件。M7：1，完整。方唇，短折沿，直口，束颈，肩部稍丰，深腹内收至底，平底微上凸。外壁肩部至底部拍印成组斜向细绳纹，肩部处在绳纹上又从上至下划出8周凹弦纹，其余光素无纹。夹砂灰陶，夹杂大小不一白砂，胎体较硬，胎质稍疏。器壁可见细密旋坯痕。口径11.8、底径11.4、高23.6厘米（图3-1-4；图版一八三，2）。

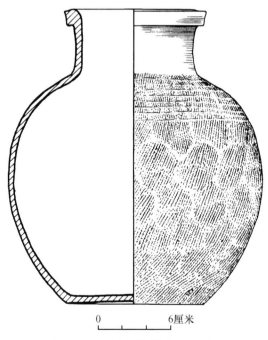

0　　　6厘米

图3-1-4　M7出土陶罐（M7：1）

第二节　M8

一、墓葬形制

墓葬位于发掘区东北，西近H3，东邻H4，方向345°。墓口长方形，竖穴土坑，斜直壁，较粗糙，未经修整，可见多处长条形工具痕，墓底较平整，口大底小。墓内填土为红褐色花土，夹杂钙质结核，较硬，经夯打，夯层明显，共8层，夯层厚度20～30厘米不等。墓口长3.24、宽2.18米，墓底长2.5、宽1.4米，距地表深3.7米。工具痕长13、宽3.2厘米（图3-2-1、图3-2-2；图版一八四；图版一八五，1）。

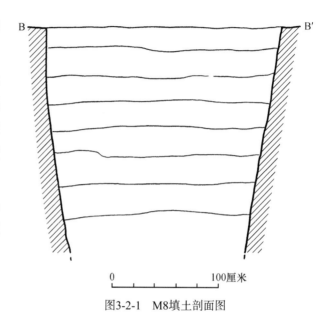

图3-2-1　M8填土剖面图

二、葬具葬式

墓室置一木棺，朽甚，仅存棺木灰痕。盖板无存，结构、大小不明，帮板包裹挡板，帮板两侧出头，挡板不出头，底板无存，结构等不详。棺外有生土二层台，高0.54、宽约0.1米。棺长2.44、宽1.18、残高0.2、立板厚约0.1米。

棺内埋葬人骨一具，头北，面西，侧身屈肢。保存稍差。经鉴定，墓主人年龄30左右，疑似男性。

三、出土器物

棺东北处随葬灰陶绳纹罐1件，周围有兽骨，人骨头部有铁簪1件，腰部出铁带钩1件，"半两"铜钱1枚。

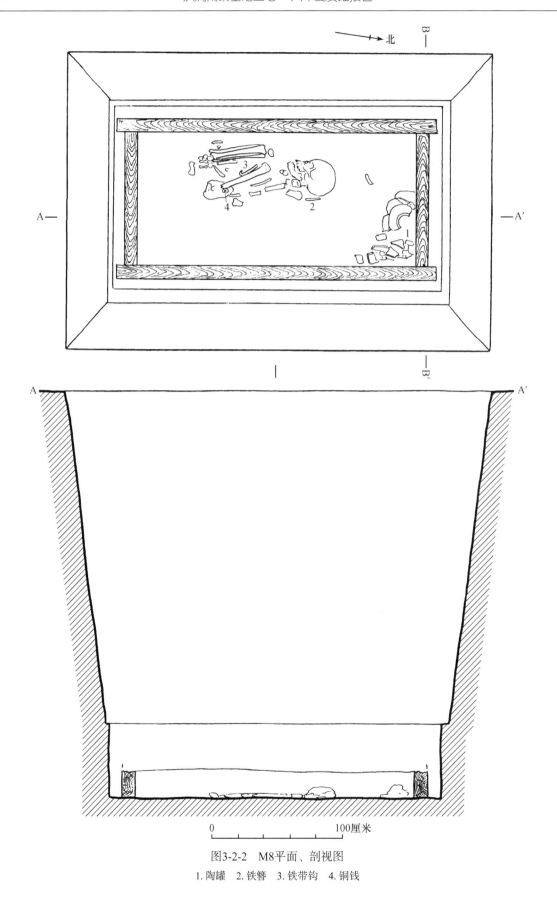

图3-2-2　M8平面、剖视图

1. 陶罐　2. 铁簪　3. 铁带钩　4. 铜钱

1. 陶器

罐 1件。M8：1，残，复原。方唇，短折沿，直口微敞，稍出棱，束颈，肩部稍丰，深腹内收至底，平底。外壁肩部至底拍印竖向和斜向细绳纹，上腹部处在竖绳纹上又从上至下划出9周凹弦纹，间距不一，其余光素无纹。泥质灰陶，偶见细小白砂，胎体较坚硬。器壁可见细密旋坯痕。口径11.6、底径11.4、高24.8厘米（图3-2-3，1；图版一八五，2）。

2. 铜器

"半两" 钱币 1件。M8：4，完整，锈蚀较重。无内外郭，穿较广，光背。正面自右向左篆书钱文，"半" 字锈蚀不清，下横较短，"两" 字上横较短，"人" 字竖长，字体整体高挺。直径2.9、穿径0.9厘米，重2.7克（图3-2-3，2；图版一八六，3、4）。

3. 铁器

簪 1件。M8：2，残断。长圆条，变形，一端弯成钩形。残长8.2厘米（图3-2-3，3；图版一八六，1）。

带钩 1件。M8：3，钩首钩尾皆残缺。曲棒状，中部置圆纽。素面。残长8.2厘米（图3-2-3，4；图版一八六，2）。

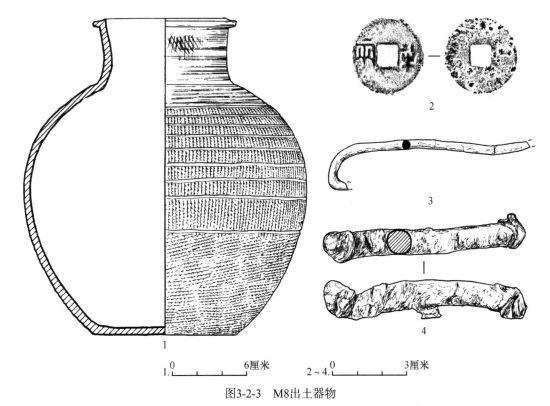

0   6厘米
1.

2 ~ 4.   0   3厘米

图3-2-3 M8出土器物

1. 陶罐（M8：1） 2. "半两" 铜钱（M8：4） 3. 铁簪（M8：2） 4. 铁带钩（M8：3）

第三节　M9

一、墓葬形制

　　墓葬位于发掘区西北，打破M6，方向30°。墓口长方形，竖穴土坑，墓底不平整。墓内填土为黄褐色花土，夹杂钙质结核，较硬，局部夯打。墓室底长1.92、宽0.64～0.76米，距地表深2.8米。该墓因受外力破坏，导致断裂下沉，结构不甚清楚（图3-3-1；图版一八七；图版一八八，1）。

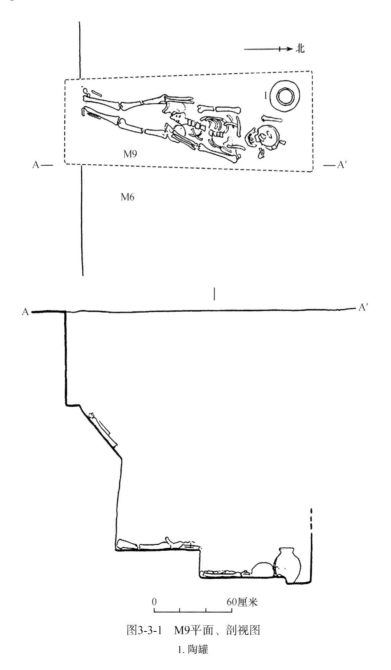

图3-3-1　M9平面、剖视图

1. 陶罐

二、葬 具 葬 式

葬具推测为一棺，尺寸不详。发现人骨一具，或因外力断为3截，头东北，面上，仰身直肢。保存较差。经鉴定，墓主人为一30～35岁女性。

三、出 土 器 物

墓主人头端右侧随葬灰陶绳纹罐1件。

陶罐 1件。M9：1，完整。圆唇，敞口，短束颈，颈部对称有圆孔贯通，肩部稍圆，弧腹内收至底，底平。颈部和肩部划有凹弦纹一至两周，余皆素面。泥质灰陶，胎体稍坚致。器壁可见细密旋坯痕。口径11.8、底径11.6、高19.2厘米（图3-3-2；图版一八八，2）。

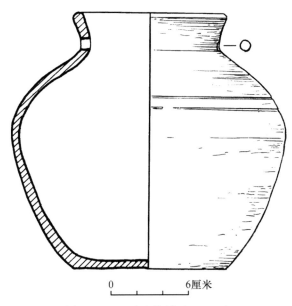

0   6厘米

图3-3-2 M9出土陶罐（M9：1）

第四章　清代墓葬

第一节　M1

一、墓葬形制

墓葬位于发掘区最西南，东邻M2，方向56°。墓口长方形，竖穴土坑，直壁，无修整，墓底较平整，口底等大。墓内填土为黄褐色花土，较致密，夹杂少量钙质结核。墓口长1.15、宽0.6、距地表深1米（图4-1-1；图版一八九，1）。

二、葬具葬式

墓坑西南处并列放置圆形灰陶瓮棺两具，其内各叠置人骨一具，头骨置于最上。最南侧为瓮棺一，其内人骨头东，面西，头顶骨破损，四肢骨竖立南侧，摆放有序。墓主人性别不详，年龄35岁左右。瓮棺二居中，紧靠瓮棺一北，人骨头东，面西偏上，肢骨竖立南侧。墓主人为女性，年龄25～30岁之间。墓坑最北侧另叠置一具人骨，较散乱，未见葬具痕迹。墓主人为男性，年龄30岁以上。

三、出土器物

未有遗物出土。仅见两件陶瓮棺。

M1：1　残，可复原。凸方唇，微出沿，敛口，束颈，圆肩，弧腹斜收至底，底平。外壁肩部一周装饰莲花，余皆素面。泥质灰陶，陶质较细，偶见白砂粒。器壁旋坯痕明显。器内盛敛人骨一具。口径28.4、肩径34、底径32、高28厘米（图4-1-2，1；图版一八九，2）。

　　M1：2　残，可复原。方唇，平折沿微翘，敛口出棱，束颈，丰肩，弧腹斜收至底，底平。素面。泥质灰陶，陶质较细。器壁旋坯痕明显，外壁有烟熏痕迹。器内盛敛人骨一具。口径30.2、肩径34、底径25.6、高28厘米（图4-1-2，2；图版一八九，3）。

图4-1-1　M1平、剖面图

1、2.陶瓮棺

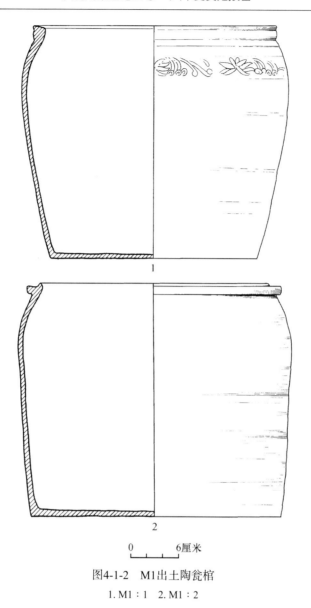

图4-1-2　M1出土陶瓮棺

1. M1∶1　2. M1∶2

第二节　M2

一、墓葬形制

墓葬位于发掘区西南，北邻M3，东邻M4，西南为M1，方向45°。墓葬形制不详。距地表深1米（图4-2-1；图版一九〇，1）。

图4-2-1　M2平面图

1.瓷碗　2、3.瓷罐　4.陶砖　5.陶瓦

二、葬具葬式

葬具未见。墓内南北并列放置两具人骨，皆叠置，头骨摆放于最上靠东位置，头向东北，面向西南。人骨摆放较为整齐，保存较好。北侧人骨为男性，年龄30岁左右。南侧人骨为女性，年龄25岁左右。

三、出土器物

器物位于人骨西侧。人骨一西侧分别放置瓷罐，罐内置瓷碗、陶砖和瓷罐各一件，南北一字摆放。人骨二西侧竖置一块陶符瓦。共计5件。

1. 陶器

砖　1件。M2：4，基本完整。长方体，厚薄不匀。背面下凹，压印左手指纹，不甚清晰，另有刮抹刷痕，正面光素。泥质灰陶，较坚硬。长27.2、宽13.6、厚4.6～5厘米

（图4-2-2，3；图版一九〇，2、3）。

瓦　1件。M2：5，完整。平面呈梯形。泥质灰陶。瓦口磨光，方唇微圆。两侧边内缘有切割痕，平直，光滑，两侧边外缘粗糙，瓦后端口斜切。瓦面磨光，瓦内壁装饰麻布纹。瓦面两侧墨书经文"神公受命／普扫不详"，中部上下各墨书"敕令"符头和"罡"字，中间朱书符篆，瓦背一侧墨书"二月□□癸亥"款。长25、宽13.2～17.4、厚1.3厘米（图4-2-2，1；图版一九一，2、3）。

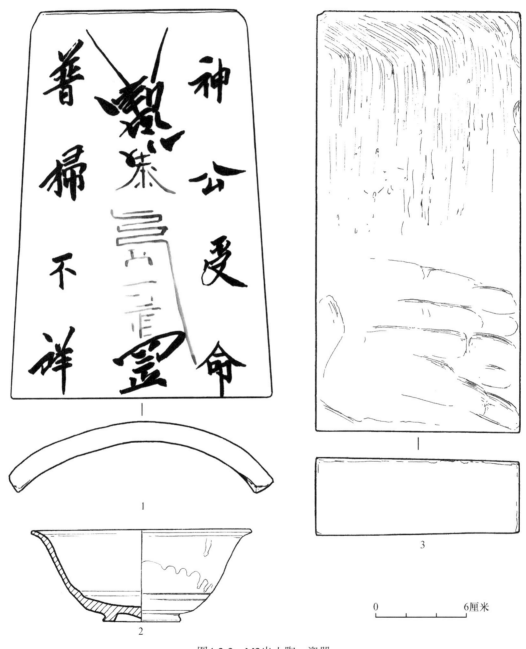

图4-2-2　M2出土陶、瓷器

1. 陶瓦（M2：5）　2. 瓷碗（M2：1）　3. 陶砖（M2：4）

2. 瓷器

碗 1件。M2：1，残，复原。方圆唇，侈口，弧腹内折，底较平，圈足，足墙外斜，足心有乳突。素面。口沿内外以化妆土打底，然后罩极薄一层透明釉，接近素烧状态，化妆土流痕明显。浅灰胎，胎体较坚致细腻，夹杂细小黑砂。内底及足沿各留4堆垫砂痕。足心及外壁修坯痕明显。口径7.4、足径2.6、高3厘米（图4-2-2，2；图版一九一，1）。

罐 2件，器型基本相同。圆唇，侈口，鼓肩，弧腹斜收至底，底平，圈足，足墙低矮外撇。素面。内外施釉，皆不到底，釉面光洁。黄白胎，胎体较密。器壁可见旋坯痕。M2：2，口磕。器壁施黑釉，泛棕色，釉面光亮。口径16.6、肩径20、足径12.2、高19.6厘米（图4-2-3，1；图版一九二，1）。M2：3，残，复原。器壁施茶叶末釉，流釉有失透感。口径16、肩径18.8、足径12.4、高20.6厘米（图4-2-3，2；图版一九二，2）。

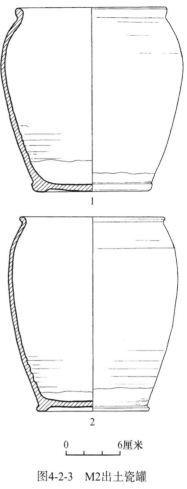

0   6厘米

图4-2-3 M2出土瓷罐
1. M2：2   2. M2：3

第三节 M3

一、墓葬形制

墓葬位于发掘区西南，东北邻M5，东邻M4，东南近M2，方向45°。墓葬形制不详。距地表深0.9米（图4-3-1；图版一九三，1）。

二、葬具葬式

葬具未见。墓内南北并列放置两具人骨，皆叠置，头骨摆放最上靠东位置，头向东北，面向西南。人骨摆放较为整齐，保存较好。南侧人骨为女性，年龄35岁左右。北侧人骨为男性，年龄35~40岁。

图4-3-1　M3平面图
1.瓷碗　2、3.陶瓦

三、出　土　器　物

北侧人骨一头端放置陶符瓦和瓷碗各一件。南侧人骨二西侧放置陶符瓦一件。

1. 陶器

瓦　2件。平面呈梯形。泥质灰陶。瓦口磨光,方唇微圆。两侧边内缘有切割痕,平直,光滑,两侧边外缘粗糙,瓦后端口斜切。瓦面磨光,瓦内壁装饰麻布纹。瓦面两侧墨书经文"神公受命/普扫不详",中部上下各墨书"敕令"符头和"罡"字,中间朱书符篆。M3:2,完整。长25.8、宽15.4～18.4、厚1.8厘米(图4-3-2,1;图版一九三,2、3)。M3:3,存下半截。器型特征及符篆经文同M3:2,存有下部若干字。残长10.6、残宽16～17、厚1.6厘米(图4-3-2,3;图版一九四,2、3)。

2. 瓷器

碗　1件。M3：1，完整。尖圆唇，口微侈，弧腹微内折，底略塌，圈足，足墙外斜，足心有乳突。素面。足心墨书一楷体"王"字。内壁及口沿外侧以化妆土打底，然后罩极薄一层透明釉，接近素烧状态，化妆土流痕明显。浅灰胎，胎体较坚致细腻，夹杂细小黑砂。内底及足沿各留4堆垫砂痕。足心及外壁修坯痕明显。口沿外侧有"釉泡"，大多破裂，内底有"窑裂"。口径7.7、足径2.8、高3厘米（图4-3-2，2；图版一九四，1）。

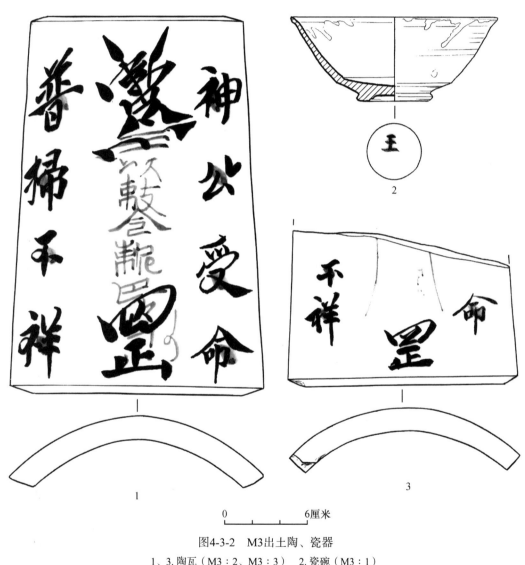

图4-3-2　M3出土陶、瓷器

1、3. 陶瓦（M3：2、M3：3）　2. 瓷碗（M3：1）

第四节　M5

一、墓葬形制

墓葬位于发掘区西南，北邻M6，南邻M3，方向90°。该墓为带竖穴土坑墓道的洞室墓，由墓道、墓门、墓室三部分组成。营建方式为先从地表向下挖一竖穴墓道，之后向一侧掏挖出洞室（图4-4-1、图4-4-2；图版一九五；图版一九六，1）。

墓道平面呈窄梯形，两端宽窄不一，靠墓室侧较宽，直壁，粗糙，未经修整，墓道底部呈斜坡状，靠墓室一侧较低，不见脚窝。填土为红褐色花土，夹杂钙质结核，较软，未夯打。长1.82、宽0.7～0.9、高1.5～1.7米。

墓门顶部坍塌，结构不详，两侧直壁，下半截用长条土坯砖封门。土坯砖上下共三层，交错垒砌，上面两层比较凌乱，底部一层斜向纵立封门，共5块。整体封门砖高0.5、宽0.9、厚0.6米。每块土坯砖长40、宽30、厚11厘米。

墓室拱顶窑洞式，顶部坍塌，前高后低，不甚规整，底部较平。洞室高0.92、宽0.9～1.2、进深2米。

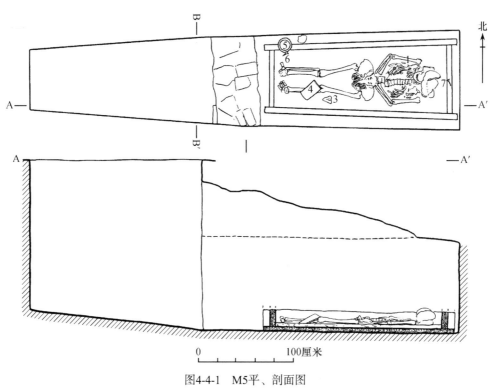

图4-4-1　M5平、剖面图

1.铜扣　2.铜钱　3.铁犁头　4.陶瓦　5.瓷罐　6、7.铁棺钉

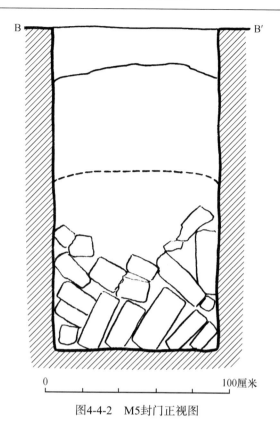

图4-4-2 M5封门正视图

二、葬具葬式

墓室置一木棺，大部分腐朽，仅存灰痕。平面呈长梯形，两侧帮板出头，挡板包裹在内。棺长1.8、宽0.7～0.8米，高度不详，立板厚0.05米。

棺内盛放人骨一具，头骨破损，其余保存较好。仰身直肢，双手交叉置于腹部，头东面上。头下枕一土坯砖，人身下棺底板上平铺白灰和炉渣，厚5厘米。经鉴定，墓主人为一30岁左右男性。

三、出土器物

随葬器物较少。人骨胸部出土铜扣3颗，2枚较残，右侧肋骨处有铜钱1枚，左膝外侧放置1件铁犁头，左小腿骨上有1件符瓦，应为棺盖板腐朽叠落至此，墓室口棺外侧放置瓷罐1件，另出土铁棺钉2件。

1. 陶器

瓦 1件。M5：4，完整。平面呈梯形。泥质灰陶。瓦口磨光，方唇微圆。两侧边内缘有切割痕，平直，光滑，两侧边外缘粗糙，瓦后端口斜切。瓦面磨光，瓦内壁装饰麻布纹。瓦面两侧墨书经文"神公受命/普扫不详"，中部上下各墨书"敕令"符头和"罡"字，中间朱书符篆。长24.4、宽13.8～16.4、厚1.6厘米（图4-4-3，1；图版一九六，2、3）。

2. 瓷器

罐　1件。M5：5，完整。圆唇，侈口，鼓肩，弧腹斜收至底，底平，圈足，足墙低矮外撇，足沿较宽，呈玉环形。素面。内外施茶叶末釉，皆不到底，釉面光洁，有失透感。黄白胎，胎体较密。器壁可见旋坯痕。口径16、肩径18.2、足径13.2、高17.8厘米（图4-4-3，2；图版一九七）。

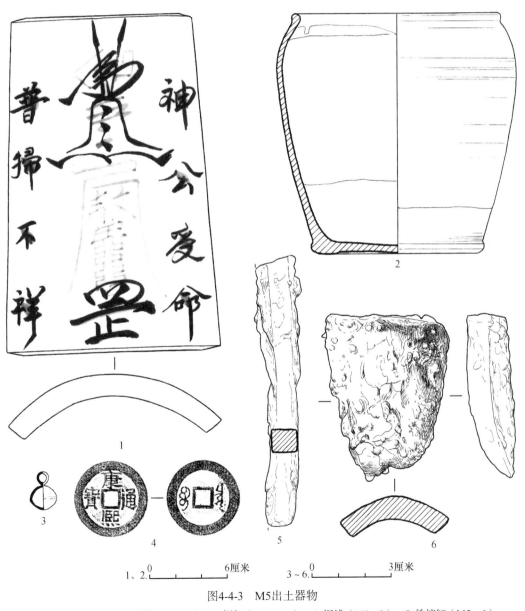

图4-4-3　M5出土器物

1. 陶瓦（M5：4）　2. 瓷罐（M5：5）　3. 铜扣（M5：1-1）　4. 铜钱（M5：2）　5. 铁棺钉（M5：6）

6. 铁犁头（M5：3）

3. 铜器

扣 3件。M5：1，共3颗，其中两颗残破，一颗较完整，器型、大小相同。标本M5：1-1，球形，中空，顶部接一圆环纽。素面。径1、通高1.4厘米（图4-4-3，3；图版一九八，1）。

钱币 1件。M5：2，完整。小平。外郭稍宽，内郭较窄，顺读。正面楷书"康熙通宝"钱文，顺续，背面有满文"宝泉"局地名。黄铜。直径2.3、穿径0.6、郭厚0.1厘米，重4.5克（图4-4-3，4；图版一九八，3、4）。

4. 铁器

犁头 1件。M5：3，基本完整。整体呈弧面三角形，尖部略凸，较厚。器表满布大小不一鼓包。通长6.2厘米（图4-4-3，6；图版一九八，6）。

棺钉 2件。大小、形状相同。M5：6，残存钉身，钉帽不见。方体，长身，钉尖一端较小。残长10厘米（图4-4-3，5；图版一九八，2）。M5：7，朽甚，残碎严重，无法复原（图版一九八，5）。

第五章 灰 坑

第一节 H1

位于发掘区东北，东邻H2，南邻M7。平面近不规则圆形，剖面呈不规则斜坡状，坑壁较直，底部不规则，南端为一高台，最底处稍平。填土为深褐色花土，较软，夹杂钙质结核，不见遗物。口径南北长0.8、东西宽0.75、深0.32～0.64米（图5-1-1；图版一九九，1）。

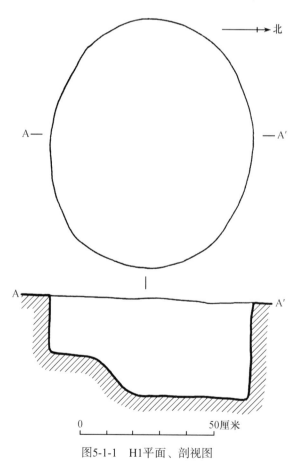

图5-1-1 H1平面、剖视图

第二节 H2

位于发掘区东北，西邻H1，东南邻M8。平面呈近规则椭圆形，剖面呈北高南低的不规则斜坡状，坑壁较直，底部凹凸不平。填土为深褐色花土，较软，夹杂钙质结核，不见遗物。口径东西长0.7、南北宽0.58、深0.14～0.22米（图5-2-1；图版一九九，2）。

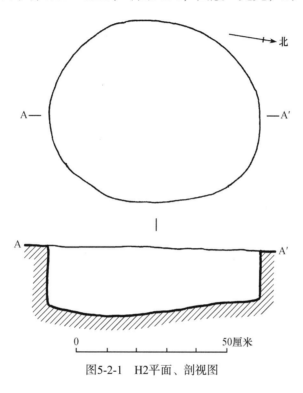

0　　　　　　　　　　50厘米

图5-2-1　H2平面、剖视图

第三节 H3

位于发掘区东北，西邻M7，南近M8。平面近不规则圆形，剖面不规则，坑壁弧状，底部不规则，最底处稍平。填土为深褐色花土，较软，夹杂钙质结核，坑底发现青石块一件。口径东西长0.75、南北宽0.66、深0.21～0.32米（图5-3-1；图版一九九，3）。

石块　1件。H3：1，基本完整。不规则体。青灰色，外表较光洁。硬度高，石质较细。通长11.3厘米（图5-3-2；图版二〇〇，3）。

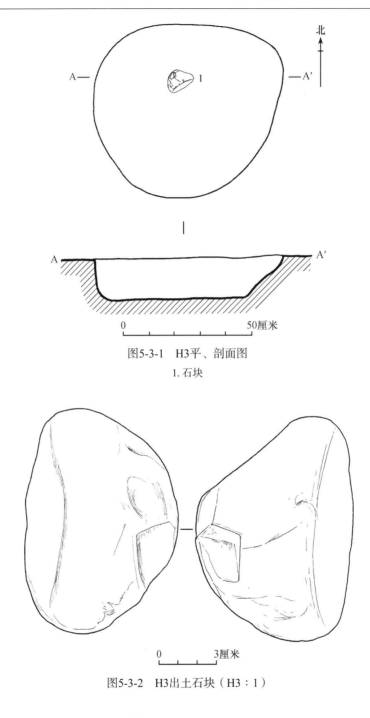

图5-3-1　H3平、剖面图
1. 石块

图5-3-2　H3出土石块（H3∶1）

第四节　H4

　　位于发掘区东北，西近M8。平面近椭圆形，斜弧壁，平底，口大底小。填土为深褐色花土，较软，夹杂钙质结核。坑底埋葬夹砂粗绳纹釜和泥质细绳纹罐各一件，皆残碎。釜内有一具兽骨，种属不明，待鉴定。口径南北长0.93、东西宽0.65、深0.12米（图5-4-1；图版一九九，4）。

　　陶罐　1件。H4：1，残，口部缺失。丰肩，斜弧腹内收至底，底平。外壁肩部至腹部近底处拍印交错细绳纹，然后从上至下在绳纹上划出8周细弦纹，口部内外及内壁光素无纹。泥质灰陶，陶体较硬，陶质较密。肩径49.2、底径25.7、残高42厘米（图5-4-2，2；图版二〇〇，2）。

　　陶釜　1件。H4：2，残，复原。斜方唇，直口微敞，丰肩，弧腹内收，圜底。外壁肩部以下拍印粗绳纹，上半部绳纹方向较一致，斜向右下，下半部则为交错拍印，口部及内壁素面，内壁不甚平整。灰陶，夹杂大小不一白砂，胎质较疏。口径27、肩径42.4、高37.7厘米（图5-4-2，1；图版二〇〇，1）。

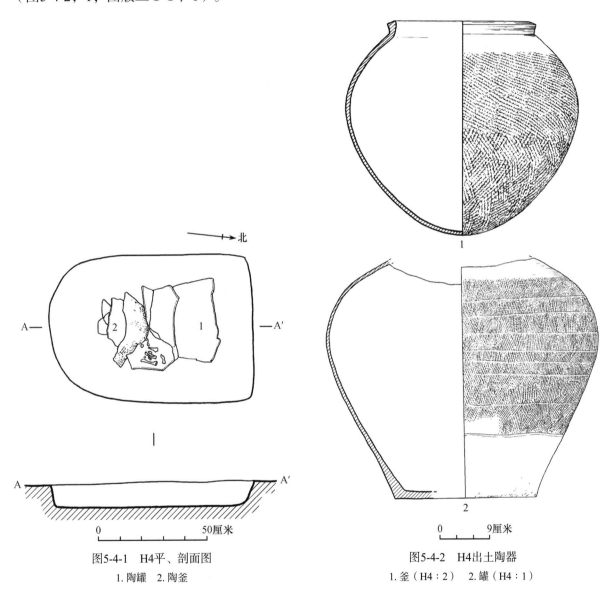

图5-4-1　H4平、剖面图
1.陶罐　2.陶釜

图5-4-2　H4出土陶器
1.釜（H4：2）　2.罐（H4：1）

第六章 结 语

第一节 墓葬概述

一、墓葬形制

墓地共发掘9座墓葬，从墓葬形制上可分土坑竖穴墓和洞室墓两类。竖穴土坑墓有M4、M6、M7、M8、M9，共5座，M1虽也为土坑，但不具有典型代表性，不予谈论。5座墓葬皆口大底小，墓壁斜直，壁面大多较为粗糙，底部较平，墓内填土为花土经过夯打，其中M8墓壁留下多处长条形工具痕。除M9外，M4和M7椁外发现熟土二层台，M8为生土二层台，M6较为独特，以积石积炭堆砌二层台，为墓地仅见。另外M6墓壁四周整体涂抹一层青膏泥，最独特之处是墓壁四角有内凹的现象，值得注意。墓向上M4、M6为东西向并列排布，其余三座为南北向，排列较为一致。墓口面积以M6最大，近30平方米，为已发掘墓葬中最大的一座；M4次之，有12平方米，为中型墓葬；其余三座为小型墓葬，墓底面积和墓葬深度同墓口面积成正比。

洞室墓仅M5一座，墓葬结构由墓道、墓门和墓室三部分组成，墓道呈一端宽一端窄的长梯形，墓门以土坯砖封堵，墓室呈窑洞状，具有典型地方特色，此类墓葬形制在晚期北方地区十分常见，一直沿用至今。

M2、M3因埋藏较浅，墓葬已被耕种农田时破坏，推测形制同M1，皆为地表挖掘的一个不规则浅土坑，属性上为二次迁葬。

二、葬具葬式

葬具从材质上来看，见有陶质和木质两种。陶质葬具即通常所谓"瓮棺"，仅M1发现两具，皆为泥质灰陶罐，内盛人骨。其余墓葬能见到葬具痕迹的，皆为木质，数量上多寡不一。M6为两棺一椁，M4为一棺一椁，M5、M7、M8皆为一棺，M2、M3、M9葬具未见，但推测为木质葬具，一人一具。木质葬具大多保存较差，结构不甚完整。M6椁无底板，盖板南北平铺，椁室面积达12.6平方米，M4椁有底板，盖板和底板皆南北平铺，椁室面积略小为10余平方米，椁室大小与墓葬规模相合，两墓椁室皆长方形，髹朱漆。除M5木棺平面为梯形外，其余皆为长方形，大小相近，M6内棺较小，M4和M6棺内皆有髹漆，M6漆绘蟠螭纹。

墓主人葬式从盛殓方式上分为两种，一种为二次迁葬经过人为叠摞摆放的葬式，四肢骨放置下方，头骨摆放其上，然后入殓，见于M1、M2、M3，皆头向东。另一种为一次入殓后未经人为移动的葬式，又有两种样式。一种为仰身直肢葬，见于M4、M5、M6、M7、M9，其中，M4、M5、M6头东，M7和M9头向北，手臂的放置各不相同，不再赘述。一种为侧身屈肢葬，见于M8，头向北。M4、M8墓室内发现有动物骨骼，是否殉牲尚不清楚。

三、出 土 器 物

除M1无随葬品外，其余8座墓葬皆有。

M2、M3、M5随葬品的多寡、功能组合比较接近，以1件镇墓符瓦搭配1件盛饭瓷罐或瓷碗为主，器物多摆放于墓主人脚端，个别放置头端或葬具之上。器物材质以瓷和陶为主，瓷器质量一般，皆为当地生产的日常生活用器，偶见钱币（M5）。

M7、M8和M9的器物随葬情况比较相似，皆在墓主人头端放置一件陶罐，M8墓主人头部佩戴铁簪，腰部佩戴铁带钩，另随葬铜钱一枚。

M4和M6随葬品最为丰富，尤其是M6，出土器物达到150余件，材质上以铜为主，另有陶、骨、玉、金、石、漆等。器用功能上以成组铜、陶、石礼器为大宗。食器组合种类以鼎、豆固定搭配，M6在此基础上又增加了鬲、敦、甗、簠，数量上M4随葬成对铜鼎、豆以及舟、盘、匜各1件，M6以3组铜鼎、两对铜豆以及成对铜鬲、敦和单件铜甗、簠配套组合。水器组合为单件盘匜，M6增加了铜鉴。酒器以壶、舟为固定组合，M4配以成对陶壶和1件铜舟，M6则为成对铜壶和1件铜舟。乐器仅M6出土1套9件铜编钟和1套10件石编磬，为常见组合。M6还随葬大量车马器、兵器等。器物出土位置情况较为复杂，礼器、车马器等皆出土于棺椁之间南部，其余散见各处，详见前文各墓葬章节。

第二节 分期与时代

M6、M4两座墓葬形制为口大底小的竖穴土坑墓，这是春秋战国时期颇具时代特征的一种墓葬形制，这两座墓葬的墓口与墓底的尺寸相差不大，时代比较靠前。

M6随葬陶器有陶鬲和陶罐，其共存的情形及器型特征，同上马墓地[1]第7段陶器墓随

---

① 山西省考古研究所：《上马墓地》，文物出版社，1994年，下同。

葬情况。例如，陶鬲M6：81，器型较小，应为明器，器型特征与上马墓地甲平Cd型Ⅱ式鬲（M1265：1）接近，唯体长，腹部内收不甚明显，裆部较平，时间上可能稍晚；陶罐M6：101同上马墓地B型Ⅱ式罐（M2055：3）相似。

铜器中，铜鼎M6：106器型同临猗程村[1]A型Ⅰ式鼎（M1002：8）、分水岭[2]M270：8；铜鼎M6：129形制、纹饰同上马乙Bc型Ⅱ式鼎（M1004：22），还见于邢台南大汪[3]1958M1Ⅰ式鼎、程村Cc型（M1024：2）；M6：107、M6：109、M6：110、M6：128四件铜鼎器型基本相同，唯M6：128腹底稍平，纹样及装饰风格略有差别，其中，M6：128器型和纹饰相同者见于程村Ca型Ⅱ式（M1002：25）、淇县宋庄[4]2009M4：10，M6：110等铜鼎较之程村Ca型Ⅰ式鼎（春秋中期M0020：2）器型、纹饰及布局十分相似，唯M6：110铜鼎附耳外撇，器身变矮，演变特征明显，时代靠后，其他还见于长治分水岭M269、M270；铜敦M6：148器型纹饰同上马Ⅲ式（M2008：13）、临猗程村BⅡ（M1024：1）、平顶山滍阳岭[5]1992M301：9等；铜甗M6：106甑部纹饰布局方式及鬲部造型接近上马M2008：10，唯体较瘦长，立耳演变为附耳，时代应晚，而其甑部造型同运城南相[6]M1：3；铜簠M6：124造型同平顶山滍阳岭1992M301：8接近，与上马M5218：8相比，南秦铜簠造型较矮宽，蟠虺纹也是春秋中晚期流行纹饰，故时代应稍早；铜壶M6：150接近长安客省庄[7]1955M202：2，同分水岭M269：34铜壶相比，南秦铜壶器身较瘦长，圈足较高，器盖及两侧耳部装饰等稍有差别，但整体上有诸多相似处，亦可备参照；铜盘M6：119接近临猗程村B型Ⅰ式（M1082：12）、上马Ba型Ⅲ式（M1004：16）；M6：116铜舟同上马A型Ⅱ式（M1027：10）、洛阳中州路北[8]1998LM535：4；铜鉴的造型同程村A型（M1002：19）、庙前[9]58M1：20以及琉璃阁[10]Z甲乙-3，辉字6号，特别是M6：123同程村和庙前所出铜鉴在纹饰上也几乎相同。铜器组合上，M6随葬品的铜器中出现了食器敦和豆，酒器舟也有，从上马墓地随葬铜器组合情况来看：春

① 中国社会科学院考古研究所、山西省考古研究所、运城市文物局等：《临猗程村墓地》，中国大百科全书出版社，2003年，下同。

② 山西省文物工作委员会晋东南工作组、山西省长治市博物馆：《长治分水岭269、270号东周墓》，《考古学报》1974年第2期；山西省考古研究所、山西博物院、长治市博物馆：《长治分水岭东周墓地》，文物出版社，2010年，下同。

③ 河北省文化局文物工作队：《河北邢台南大汪村战国墓简报》，《考古》1959年第7期；河北省博物馆、文物管理处：《河北省出土文物选集》，文物出版社，1980年，56、57页。

④ 河南省文物考古研究院：《河南淇县宋庄东周墓地M4发掘简报》，《华夏考古》2015年第4期。

⑤ 河南省文物考古研究所、平顶山市文物管理局、河南大学历史文化学院：《河南平顶山春秋晚期M301发掘简报》，《文物》2012年第4期，下同。

⑥ 王志敏、高胜才：《运城南相春秋墓清理简报》，《文物季刊》1990年第1期。

⑦ 中国科学院考古研究所：《沣西发掘报告：1955—1957年陕西长安县沣西乡考古发掘资料》，文物出版社，1963年。

⑧ 中国社会科学院考古研究所洛阳唐城队：《河南洛阳市中州路北东周墓葬的清理》，《考古》2002年第1期。

⑨ 山西省考古研究所：《万荣庙前东周墓葬发掘收获》，《三晋考古》（第一辑），山西人民出版社，1994年，218～250页。

⑩ 河南博物馆、台湾历史博物馆：《辉县琉璃阁甲乙二墓》，大象出版社，2003年，232、233页。

秋早期，以食器鼎和水器盘、匜的器物组合流行，器物种类较单一；中期，食器中增加了簋和敦，酒器舟也开始出现，晚段食器中出现了豆，器物种类变得更加丰富；进入春秋晚期晚段及至战国初期，食器豆便替代了簋和敦，鼎和豆成了食器类新的组合关系。M6出土铜器所装饰的蟠虺纹、蟠螭纹、三角雷纹等，大多见于侯马铸铜遗址[①]中期陶范之上，因此，综合来看，M6的墓葬时代断为春秋晚期，应不晚于晋定公（前511—前475年）时期。

M4所出陶罐（M4：10）同上马B型Ⅲ式（M2207：1），唯器腹稍圆，底部略凹，陶壶同上马Ⅲ式（M4006：1）、程村A型Ⅰ式（M1002：44）。铜鼎M4：6器型、纹饰等同程村Cc型（M1119：1）一致；M4：7器型、纹饰风格等与程村Cb型Ⅰ式鼎接近（M0021：3），唯器身较矮，时代应略迟；铜豆器型及纹饰布局方式接近程村Ⅱ式与Ⅲ式间，唯捉手内底纹及底座纹饰有别；铜盘造型纹饰同程村B型Ⅰ式；铜匜同程村Ba型Ⅰ式；铜舟同程村Bb型Ⅱ式。综合来看，M4的时代为春秋晚期，同M6相差不远。

M7、M8、M9三座南北向墓葬，墓葬结构相同，丧葬方式接近，时代应相近，随葬陶罐器型皆可见于乔村墓地Ⅲ期墓葬所出，另外M8所出"半两"铜钱也同乔村墓地A型半两相同，因此，该三座墓葬的时代推断为战国晚期至秦时期。

M5出土了一枚"康熙通宝"，说明墓葬年代上限为清康熙年间（1662—1722年），该墓出土的瓷罐器型，符瓦上符文内容和书写方式也常见于山西晋南地区以往发掘的清代埋葬，结合墓葬形制，综合判断M5的时代为清代康熙以后。M2出土的茶叶末釉罐以及符瓦同M5同类器物相似，可推测M2的时代为清代。M3出土的瓷碗和符瓦与M2相似，两墓又彼此相邻，埋葬方式大同小异，因此，M3的时代也为清代。M1未出土遗物，从其埋藏位置和陶质葬具等来看，其时代也较晚。

H4出土的夹砂灰陶绳纹釜（H4：2）器型与河南艺术职业学院所出A型Ⅲ式釜接近，唯器身稍瘦长，参照三门峡出土一件时代为秦末汉初陶釜来看，这种灰陶直颈釜的演变应为时代越晚，器身越瘦长，腹部上移，因此，南秦H4：2陶釜的时代应更晚，大致为西汉早期偏后。

第三节　墓葬文化性质

M6墓葬面积达30平方米，墓壁四周抹青膏泥，有积石积炭，随葬青铜器种类多、数量丰，比如，鼎有两套，一套不带盖的鼎4件，一套带盖鼎5件，还有成套的编钟编磬乐器组合等。据统计，东周时期三晋地区所出乐器均见于五鼎以上的墓中；积炭墓中，除一座为战国早期一鼎墓和一座春秋早期早段三鼎墓外，余皆为五鼎以上的大墓[②]，而积石积炭墓则更少，一般出现在七鼎墓或九鼎墓中，春秋晚期五鼎执政卿的墓中也偶有发现，三鼎及以下铜器墓基本不见，由此可知，南秦墓地所反映的墓主级别亦为贵族大夫阶层，应该能达到卿大夫级别。

---

① 山西省考古研究所：《侯马铸铜遗址》，文物出版社，1993年。
② 杨建军：《三晋东周铜器墓初论》，《中原文物》2005年第3期。

　　M6随葬大量的兵器和工具，墓主为男性的可能性很大，M4未见兵器和工具，应为女性。从墓葬排列、位次关系等情况来看，M6、M4应为夫妻异穴合葬墓，且墓主人性别同随葬品的对应关系也符合三晋地区两周时期夫妻异穴合葬墓的埋葬习俗。

　　南秦墓地没有经过全面普探，墓地规模和埋葬规律不明，从盗掘情况来看，墓地分布在东西约一千米、南北约五百米的较大范围内。初步小范围的勘探和试掘，表明这里的墓葬数量很多，墓与墓之间没有打破关系，应事先经过合理规划，这里有可能是春秋时期晋国的又一处广义上的"万民所葬地"之"邦墓"。

　　南秦发掘的两处春秋墓葬，无论从丧葬习俗还是出土器物上，都具有典型的晋文化特点。现在的洪洞于1954年由洪洞和赵城两地合并而来，夏商时为冀州之域。西周时，周宣王（前828～前783年）封其子尚父于杨地，为杨侯国，城址在今洪洞县东南18千米的范村附近，发现的永凝堡和坊堆两处西周遗址，认为同杨侯国关系密切。周穆王封造父于赵城官庄村一带。春秋时，晋武公（前754～前677年）赐其少子伯桥（一说晋靖侯之子）于此，晋献公（前677～前651年）取消杨侯国，并入羊舌。《左传》[①]昭公二十八年："秋，晋韩宣子卒，魏献子为政，分祁氏之田以为七县（前514年）。分羊舌氏之田以为三县。"杜注："铜鞮、平阳、杨氏。"该年《传》又云："僚安为杨氏大夫。"杜注"杨氏在今山西洪洞县东南十八里"，即今天范村一带。该年《传》注云："邑长称大夫。"又注云："晋之宗家祁傒孙、叔向子相恶于君，六卿欲弱公室，乃遂以法尽灭其族，而分其邑为十县，各另其子为大夫，晋益弱，六卿皆大。"由上述可知，春秋晚期，六大执政卿分祁氏、羊舌氏十县给予他们的子嗣为大夫，这里的大夫较之执政卿大夫低一级，为县邑大夫，魏献子舒为执政卿，将原属羊舌氏之地杨氏纳入魏氏食邑，任命僚安为大夫进行管理，显然僚安不可能享有M6如此规格的墓葬。魏为姬姓，而M6同其南侧的中型墓M4两座墓葬的墓主人皆头向东，与姬姓周人头向北的情况不同，较之太原赵卿[②]，长子牛家坡[③]，邯郸周窑、百家村[④]，辉县琉璃阁[⑤]等铜器墓，却有诸多相似之处。前四处为赵氏墓地，应没有异议，而辉县琉璃阁的国属则存在争议，有魏[⑥]、卫[⑦]、范[⑧]

　　①　杨伯峻：《春秋左传注》，中华书局，1981年，1493～1495页。

　　②　山西省考古研究所、太原市文物管理委员会等：《太原晋国赵卿墓》，文物出版社，1996年。

　　③　山西省考古研究所：《山西长子县东周墓》，《考古学报》1984年第4期。

　　④　河北省文管处、邯郸地区文保所、邯郸市文保所：《河北邯郸赵王陵》，《考古》1982年第6期；河北省文化局文化工作队：《河北邯郸百家村战国墓》，《考古》1962年第12期。

　　⑤　郭宝钧：《山彪镇与琉璃阁》，科学出版社，1959年；河南博物馆、台湾历史博物馆：《辉县琉璃阁甲乙二墓》，大象出版社，2003年。

　　⑥　郭宝钧：《山彪镇与琉璃阁》，科学出版社，1959年；郭宝钧：《商周铜器群综合研究》，文物出版社，1981年。

　　⑦　李学勤：《东周与秦代文明》，上海人民出版社，2007年，56～58页；李宏：《辉县琉璃阁墓地国别族属考》，《中原文物》2008年第3期。

　　⑧　俞伟超：《周代用鼎制度研究》，《先秦两汉考古学论集》，文物出版社，1985年；宋玲平：《再议辉县琉璃阁春秋大墓的国别》，《故宫博物院院刊》2003年第4期；刘绪：《晋乎？卫乎？——琉璃阁大墓的国属》，《中原文物》2008年第3期。

三种说法，其中，以刘绪先生范氏国属的论证最为充分，赵、范皆非姬姓。春秋后期，赵简子食邑今赵城官庄，现南秦村地处洪洞与赵城交界，同官庄和范村的直线距离都在十余千米，南秦又紧邻霍水居之南，据《水经注》①载，北魏时期，霍水是赵城与洪洞的界河，水北为赵城，水南为洪洞，而春秋时期是否如此？因时间久远，缺乏明确的文字记载，尚不好推断。春秋晚期赵氏力量渐强，地域向南扩张至霍水以南是完全有可能的。值得注意的是，尽管M6出土的大多数器物，同晋系器物的风格保持着高度一致，但其所出铜豆、铜鬲等器物造型及部分器物的装饰风格，具有较强的独特性，在别处几乎不见，也反映出墓主人的特殊性。据此我们推断南秦两处东周墓葬反映的情况或许与赵氏有关。

南秦墓地三座战国至秦时期的墓葬，皆为小型墓葬，出土文物不论数量和质量都显示出墓主人的身份比较普通，地位较低。从墓葬排列和人骨鉴定情况来看，M7和M8或许为夫妻异穴合葬墓。"半两"钱币的出土以及侧身葬式，显示出墓葬带有很强烈的秦文化因素，或许同秦人东进有莫大关系。其余墓葬从墓葬规模和随葬品来看，反映出墓主人也为平民百姓，从M3出土瓷碗碗底墨书可知，墓主人为王姓。

总之，南秦墓地反映了该地区不同时期，不同种群，不同阶层人类的丧葬情况，是一处历时久长、内涵丰富、保存较为完整的大型墓地，对研究晋南地区不同时期的埋葬制度、人群族属、社会生活等提供了新的资料，尤其是对两周时期晋国历史的考证提供了珍贵的实物参考资料。

---

① （北魏）郦道元撰，陈桥驿点校：《水经注》，上海古籍出版社，1990年，123页，卷六"汾水"："……汾水又南，霍水入焉……西南迳赵城南，西流注入汾水。又南过杨县东……"

附表　洪洞南秦墓地墓葬登记表

单位：米

墓号	方向	墓型	墓室			葬具		葬式			性别年龄	随葬品				时代	备注
			口（长×宽）	底（长×宽）	壁深	数量	长×宽×高	身肢	头向	面向		陶瓷器	铜器	玉石器	其他		
M1	56	竖穴土坑	1.15×0.6	等大	1	瓮棺2、棺三不明			骨一东 骨二东 骨三不明	骨一西 骨二西 骨三不明	骨一35±不详；骨二25~30女；骨三30以上男					清	人骨3具
M2	45	不详	不明	不明	1	未见		叠置	东北	西南	30±男 25±女	陶砖1、符瓦1；白釉碗1、黑釉罐1、茶叶末釉罐1				清	人骨2具
M3	45	不详	不明	不明	0.9	未见		叠置	东北	西南	35±女 35~40男	陶符瓦2；白釉碗1				清	人骨2具
M4	105	竖穴土坑	4×3	3.8×2.7	9.5	一椁一棺	2×0.7×不详 3.8×2.3×0.9	仰身直肢	东	南	不详	陶罐1、陶壶2	鼎2、豆2、舟1、盘1、匜1；车軎1套1套2件	石圭约11	骨管1、金饰1、漆器1、兽骨1	春秋	人牙若干
M5	90	土洞墓	宽0.9~1.2 进深2		0.92	一棺	1.8×0.7~0.8×不详	仰身直肢	东	上	30±男	符瓦1；茶叶末釉罐1	扣3、康熙通宝铜钱1		铁犁头1、铁棺钉2	清	带墓道

续表

墓号	方向	墓型	墓室 口（长×宽）	墓室 底（长×宽）	墓室 壁深	葬具 数量	葬具 长×宽×高	葬式 身肢	葬式 头向	葬式 面向	性别 年龄	随葬品 陶瓷器	随葬品 铜器	随葬品 玉石器	随葬品 其他	时代	备注
M6	102	竖穴土坑	6.2×4.8	5.2×4	10	两椁一椁积石积炭	2.35×1.1×不详（外椁）1.9×0.65×不详（内椁）4.5×2.8×0.9	仰身直肢	东	上	不详	陶鬲1、陶罐5	鼎9、鬲2、甗1、簠1、敦2、簋1、鍑1、壶2、盘1、匜1、鉴2、舟1、器盖1、编钟1套9件；戈8、镞97、铍1、镦1、削刀1、矛1、车軎10、马衔19、合页8、带扣5、环4套7件、当卢3、铃12、泡（钖）10、长管1、短管饰约136、扣饰4、扣环饰1、器整3、贝381以上	石编磬1套10件、石尺形器1、石圭1、石管28、石管饰1	金饰14；骨镳约10、骨贝252以上	春秋	人牙若干
M7	345	竖穴土坑	2.6×1.72	2.4×1.4	3.3	一椁	2.26×1.12×0.3（残）	仰身直肢	北	西	30±女	陶罐1				战一秦	
M8	345	竖穴土坑	3.24×2.18	2.5×1.4	3.7	一椁	2.44×1.18×0.2（残）	侧身屈肢	北	西	30±男?	陶罐1	半两铜钱1		铁簪1、铁带钩1	战一秦	
M9	30	竖穴土坑		1.92×0.64~0.76	2.8	一椁	不详	仰身直肢	东北	上	30~35女	陶罐1				战一秦	人骨残断

附录 洪洞南秦墓地M4、M6鼎实用牲分析

贾 尧 杨及耘 曹 俊

（山西省考古研究院）

洪洞南秦墓地M4、M6两座春秋墓葬中出土有一定数量的动物遗存，主要出于铜鼎内，个别出于棺椁间和陶器内，性质均属于随葬的肉食之列，是研究商周时期鼎实制度的新材料。出土的动物骨骼保存均较差，多破碎，经拼对粘接，现将鉴定结果按墓分述如下。

一、鉴 定 结 果

1. M6

M6共出土铜鼎9件，其中盖鼎5件，无盖鼎4件。除M6：129盖鼎外，其余鼎内均放有肉食。且根据鼎的形制、大小不同，所使用的肉食也存在差异。

四件无盖鼎形制相同，尺寸较有盖鼎大，内所盛放的肉食均为黄牛。M6：139鼎内出土颈椎2件，股骨远端骨骺1件。M6：106鼎内出土有牛的肋骨、胸椎、腰椎和左侧股骨、胫骨、髌骨，属脊椎、胸廓及左后腿（图一）。M6：136鼎内出土有牛的胸椎、软肋、肋骨和左侧桡骨，属脊椎、胸廓及左前腿（图二）。M6：112鼎内出土有牛的肋骨、胸椎、颈椎，左侧肩胛骨、桡骨、肱骨及右侧胫骨，属脊椎、胸廓、左前腿及右后腿（图三）。结合出土肢骨近、远端骨骺的愈合程度看，其所用的牛牲为未成年个体。从鼎内出土牲骨表面痕迹看，是将牛牲分块肢解后装入鼎内，同时结合各骨骼部位的数量统计，应分属两个牛牲个体，其中M6：106和M6：112鼎内出土牛骨应属于同一个体。

五件有盖鼎，除M6：129外，其余鼎内均有牲肉。其中M6：107、M6：110、M6：109三鼎大小、纹饰相同，鼎内所盛放的肉食均为羊。M6：107鼎内出土有羊的颈椎、胸骨、右侧肩胛骨、肱骨、尺骨及桡骨，属脊椎及右前腿（图四）。M6：110鼎内出土羊的肋骨、胸椎、腰椎、左侧尺骨、桡骨及股骨，属脊椎、胸廓、左前腿及右后腿（图五）。M6：109鼎内出土左

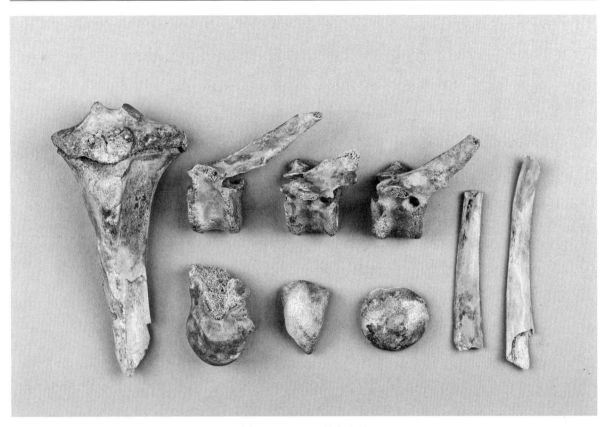

图一　M6∶106鼎内牛骨

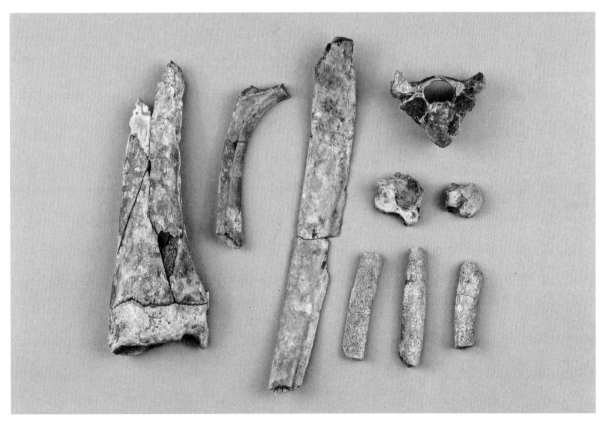

图二　M6∶136鼎内牛骨

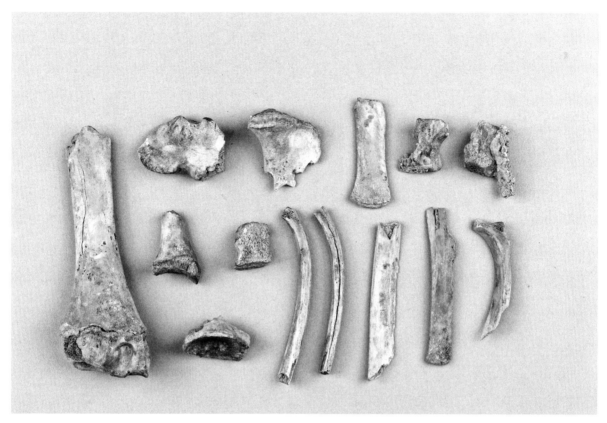

图三　M6：112鼎内牛骨

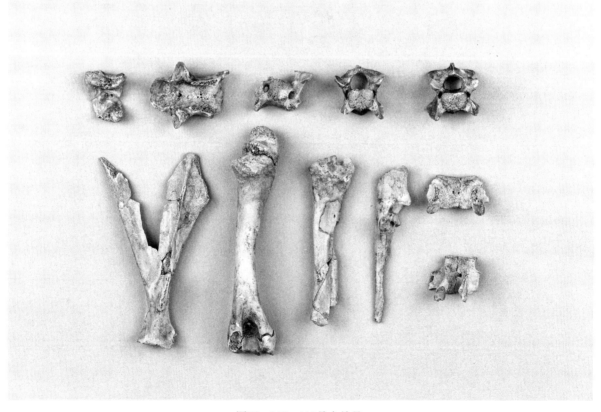

图四　M6：107鼎内羊骨

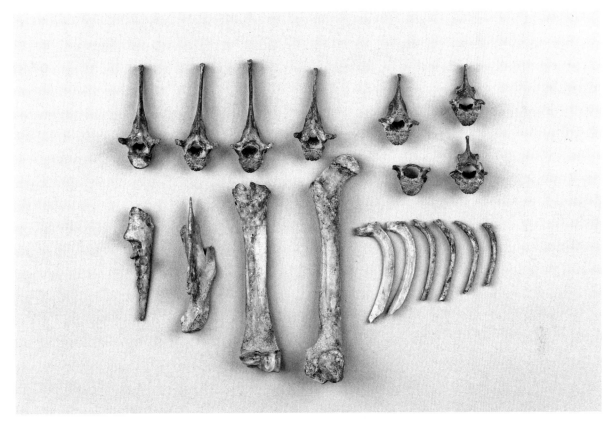

图五　M6∶110鼎内羊骨

侧肱骨、胫骨、跟骨、距骨、髋骨及右侧股骨和髋骨，分属左前腿、左后腿、右后腿及腰带部位（图六）。结合肢骨骨骺愈合情况看，为未成年个体。三个鼎中的羊牲为同一个体，经肢解后分装入鼎中。

　　另M6∶128较以上三件环纽盖鼎略小，鼎内所盛肉食为猪，应为一完整的个体（图七）。结合下颌牙齿萌出情况判断其为年龄在6个月以下的乳猪。

2. M4

　　M4出土带盖鼎2件，内均有牲肉。其中M4∶6鼎内出土有羊的颈椎、胸椎、腰椎和肋骨，以及部分肢骨。分属于脊椎、胸廓、左侧肩带及上臂、右侧前臂、右侧大腿及左侧小腿（图八）。根据肢骨骨骺愈合情况看，为2岁以下的未成年个体。M4∶7鼎内为一只年龄在6个月以下的乳猪（图九），经肢解后放入鼎中，多处骨骼表面可见肢解时留下的切割痕（表一）。另在M4棺椁间随葬有一只羊的左侧后腿，与M4∶6中的羊牲并非同一个体，其性质可能与文献中记载的"苞牲"有关，选取羊腿或猪腿带肉的部分，不用掌骨或距骨及其以下的末梢骨部位，与随葬器物分置于棺的一旁（图一〇）。

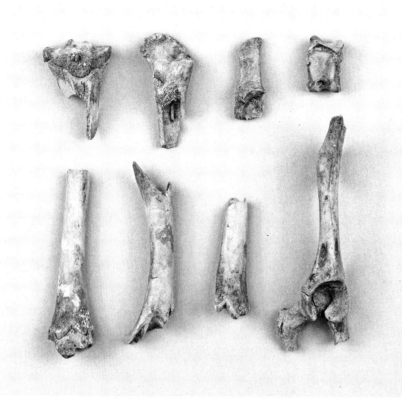

图六　M6：109鼎内羊骨

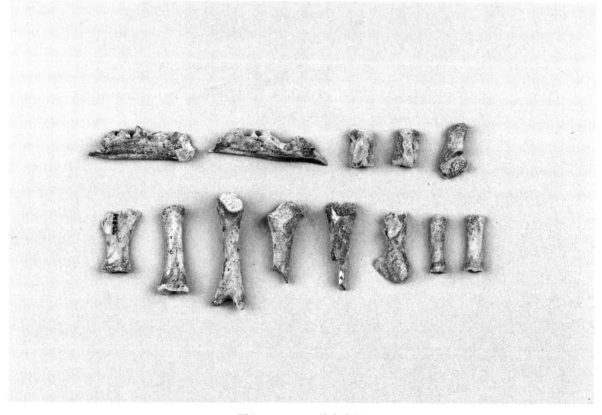

图七　M6：128鼎内猪骨

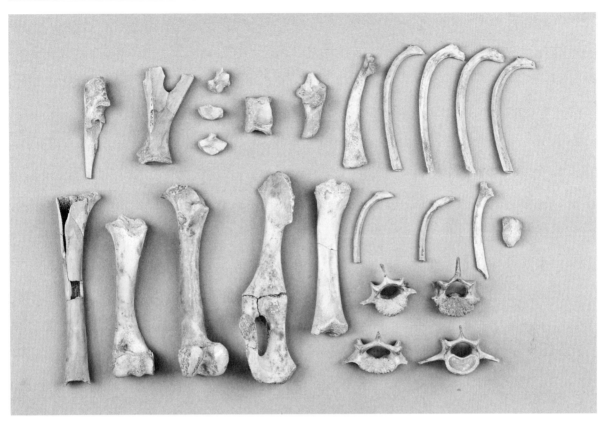

图八　M4：6鼎内羊骨

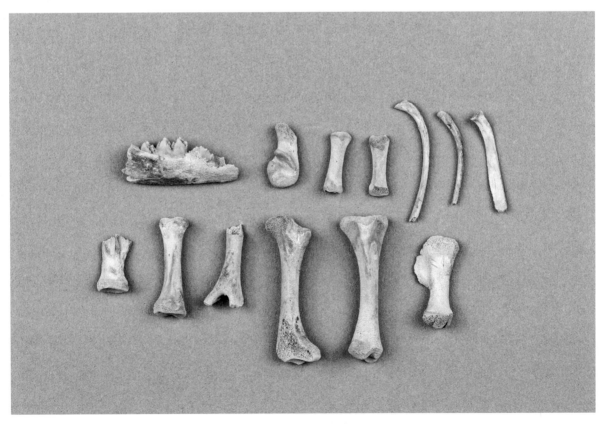

图九　M4：7鼎内猪骨

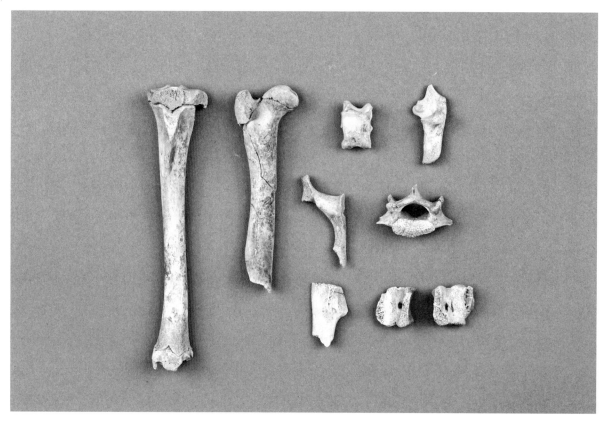

图一〇　M4棺椁间随葬羊腿

表一　洪洞南秦墓地M6、M4出土动物遗存鉴定表

单位号	属种	年龄	部位	人工痕迹
M6：139无盖鼎内	牛	<3.5岁	颈椎2件，股骨远端骨骺1件	
M6：106无盖鼎内	牛	<3.5岁	胫骨（左1）股骨（左1）髌骨（左1）肋骨（左2）胸椎（4）腰椎（1）	1件肋骨腹内侧有一道细长切割痕
M6：136无盖鼎内	牛	<3.5岁	肋骨（左1）软肋（13）桡骨（左1）胸椎（1）腕骨（2）	
M6：112无盖鼎内	牛	<3.5岁	肋骨（右3）胸椎（1）颈椎（1）肩胛骨（左1）桡骨（左1）腕骨（2）肱骨（左1）胫骨（右1）	
M6：109盖鼎内	羊	<2岁	肱骨（左1）股骨（右1）跟骨（左1）距骨（左1）胫骨（左1，右1）髋骨（左1，右1）	股骨干远端后侧有一斜向浅切割痕；耻骨腹侧有一至两道深切割痕；距骨内侧关节面及背侧内嵴表面有两道浅切割痕
M6：107盖鼎内	羊	<2岁	颈椎（6，包含寰椎、枢椎）胸骨（3）肩胛骨（右1）肱骨（右1）桡骨（右1）尺骨（右1）腕骨（1）	
M6：110盖鼎内	羊	<2岁	肋骨（左5，右9）胸椎（9）腰椎（1）尺骨（左1）桡骨（左1）股骨（左1）	5件肋骨颈部附近有成组的斜向浅切割痕，1件胸椎横突后侧及腰椎右关节突有切割痕，股骨转间嵴处有两道长切割痕

续表

单位号	属种	年龄	部位	人工痕迹
M6：128盖鼎内	猪	0～6个月	应为整只个体。下颌骨（左1，右1）肩胛骨（左1）肱骨（左1）桡骨（左1）掌骨/跖骨（4）髋骨（左1）股骨（左1）胫骨（右1）跟骨（左1，右1）距骨（左1，右1）头骨、椎骨、肋骨碎块若干	
M4：7鼎内	猪	0～6个月	应为整只个体。肋骨（13）下颌骨（左1，右1）肩胛骨（右1）肱骨（左1）尺骨（左1）桡骨（左1）股骨（右1）胫骨（右1）跟骨（右1）髋骨（右1）掌骨/跖骨（2）系骨（1）胸椎（1）	2件肋骨颈部有切割痕，坐骨腹侧有一道浅切割痕，髂骨干及髂骨翼腹侧、背侧有成组切割痕，肩胛骨冈盂切迹前缘有一组切割痕
M4：6鼎内	山羊	2岁以下	颈椎（1）胸椎（3）腰椎（3）肋骨（左10）肩胛骨（左1）肱骨（左1）尺骨（右1）桡骨（右1）腕骨（3）股骨（右1）髋骨（右1）髌骨（左1）胫骨（左1）跟骨（左1）距骨（左1）	耻骨腹侧有一道细长切割痕
M4棺椁间	羊	＜3岁	腰椎（4）股骨（左1）胫骨（左1）跟骨、距骨（左各1）髋骨（左1）	距骨远端关节面有两组切割痕

二、相关问题讨论

鼎实用牲组合：两座春秋墓中出土的动物种属有黄牛、羊和猪。其中M6鼎实组合为牛、羊和猪，M4为羊和猪。M6随葬两套鼎，一套有盖鼎，一套无盖鼎，以及成套的编钟编磬乐器组合，推测其墓主身份可能为卿大夫级别，随葬牛、羊和猪的"太牢"组合，与其身份等级相吻合。同时四件无盖鼎内均放置牛牲，三件形制相同的环纽盖鼎内放置羊牲，同型且同形的一套鼎内盛放同一种牲类，对判断鼎的性质和用途有一定的借鉴意义。

鼎实用牲的年龄：根据出土牲骨的骨骺愈合和牙齿萌出情况判断，M6、M4鼎实用牲均为未成年个体，猪牲为6个月以下的乳猪，与古人献祭"尚幼贵诚"的习俗有关。

鼎实用牲的使用部位：牛牲、羊牲多为前、后肢和脊椎、肋排的组合，选取的均为牲体肉类附着较多的带骨部位，不使用头及掌、距骨及其以下的末梢骨。猪牲从鼎内现存骨骼看，应为经肢解的完整个体。《仪礼·士丧礼》小敛奠中记载："陈一鼎于寝门外……其实特豚，四鬄，去蹄，两胉、脊、肺。"注：去蹄，去其甲，为不洁清也。仪礼正义云："此四鬄并两胉一脊为七体，是为豚解之法。"即猪牲使用除头、蹄甲以外的牲体部位。M6、M4猪牲可鉴定出有颧骨、下颌骨等头部骨骼及系骨/冠骨等末梢骨，且从部分骨骼上残留的切割痕看，是经肢解后放入鼎中的。猪牲的使用与文献中记载并不完全相符，在隰县瓦窑坡春秋时期墓葬M18鼎实用猪牲也存在类似的情况，其鼎实用猪牲的习俗包括：一、所用猪牲均为6个月以下的幼年个体；二、猪牲经肢解后放入鼎中；三、不同于牛牲和羊牲，猪牲是使用头和小腿及其以下蹄部的，关于文献中记载的"去蹄"，应是指去除指/趾节骨外包裹的蹄甲。

后　记

　　2016年度南秦墓地的发掘缘起于一起盗掘事件，幸好洪洞文物部门及时发现并上报，后经国家文物局批准，山西省文物局委派山西省考古研究所（现山西省考古研究院）的考古人员主持，便有了此次发掘。结合历年来的考古工作以及2016年度的发掘情况，我们初步认为南秦村以南区域的墓葬主体为春秋时期高等级贵族墓葬，墓向东西向为主，为非姬姓周人族属，或与赵氏有关。

　　2019年山西省公安厅从海外追回两件西周早期的"义尊"和"义方彝"，经犯罪嫌疑人交代，这两件青铜重器同出于南秦墓地一座墓葬。同年8月6日上午，我们同公安部门一道前往墓地，经犯罪嫌疑人现场指认，基本确认了被盗墓葬位置，大致测得墓葬东西长3、南北宽2、深3.2米，时代为西周时期，墓葬本体遭受严重破坏。之后，对墓葬周围进行调查，采集到不少陶器标本，经初步分析，其中，大部分为西周时期。结合之前的调查情况及研究成果来看，南秦村该区域的墓葬时代可早至西周早期，墓葬分布较为密集。义尊和义方彝的所有者"义"，是殷商遗民"丙"族的后裔，该处墓群或许同"丙"族有着密切联系。由此可见，南秦墓地包含了至少两处不同时期、不同族属的高等级贵族墓葬群。

　　南秦村西周墓群同永凝堡西周墓地紧密相连。永凝堡遗址位于洪洞县大槐树镇永凝堡村村内及四周，分布面积约12万平方米。地表采集有泥质灰陶盆、钵等残片。1980年山西省考古研究所发掘灰坑20座，墓葬22座。1996年临汾、洪洞两级文物部门联合发掘墓葬6座，出土铜器有鼎、簋、车马器等；陶器有鬲、豆、罐等。该墓地出土了大量精美的青铜器、玉器等器物。其中，出土了几件带有铭文的青铜严尚父簋、豕商簋、恒父簋等，有学者结合陕西眉县出土的四十二年逑鼎上"余肇建长父侯于杨"的铭文记载，还有晋侯墓地出土的杨姞壶，认为永凝堡墓葬出土的器物是西周时期杨国的遗物，从而推定永凝堡墓地为杨国的一处重要墓地。那么，洪洞村西周墓群同永凝堡西周墓群之间是否有什么紧密联系，也是今后尚待解决的一个重要问题。

　　目前，南秦墓地历年出土和追缴回的文物分藏于山西省考古研究院、山西青铜博物馆、晋商博物院、临汾市博物馆和洪洞县博物馆，限于时间和精力，本报告仅对山西省考古研究院2016年度正式发掘的所有资料进行全面公布。

　　此次发掘项目负责人为杨及耘，现场由曹俊负责，参与田野发掘的技术人员有张银才、张小星、郭洪波、孙伟、孟忠庆、崔凯，田野航拍及摄影为张王俊、崔凯、曹俊，室内摄影为解宙鹏、王涛，室内修复为南普恒、史春明、陈钦龙、郭晓钟、马军民、吉鹏飞、常青海、黄海东、黄海军，拓片为杨梅，绘图为马教河、刘泽鹏、郭洪波，排图为张王俊，参加整理实习的有吉林大学考古学院王鹏欣、翟静雯、杨昱浩。第五章执笔为洪洞博物馆张小星，其余章节执笔为山西省考古研究院杨及耘、曹俊。

　　本报告的编写得到了各单位和各级领导的大力支持，各位同事、同仁和专家老师也提供了很多帮助，科学出版社的董苗编辑为本报告的编写付出了很大精力，在此一并感谢！

　　南秦墓地二〇一六年度发掘的所有资料，以本报告公布为准。因条件所限，部分科技检测成果未能收录本报告，待将来独立成文发表。

编　者
2023年7月

山西省考古研究院七十华诞出版图书

《山西考古七十年》

《山西"十三五"重要考古发现出土文物》

《发现山西：考古的温度》

《三晋考古》（第五辑）

《泽州和村》

《东成西就：两个十大考古发现与中华礼之源》

《中国文明起源陶寺模式十人谈》

《山西出土青铜器全集·闻喜酒务头卷》

《洪洞坊堆-永凝堡遗址综合考古调查报告》

《于沃集——曲村-天马遗址发现60周年暨晋侯墓地发掘30周年纪念文集》

《山右吉金：晋侯墓地出土周代青铜器精粹》

《黎城楷侯墓地》

《长子西南呈西周墓地综合研究》

《燕姬的嫁妆——垣曲北白鹅考古揭示的周代女性生活》

《襄汾陶寺北墓地（2015～2016）》

《洪洞南秦墓地二〇一六年度发掘报告》

《苇沟-北寿城遗址考古报告（2011～2014）》

《壬寅说虎——山西考古博物馆虎年贺岁展》

《平朔战国秦汉墓》（卷一）

《朔州后寨战国至汉代墓地（2019～2020）》

《汾阳北门墓地》

《万荣北魏薛怀吉墓》

《南涅水石刻艺术》

《太原北齐陶俑墓》

《蒲州故城》（一）

《山西出土唐代昭武九姓胡人墓志举例》

《守望田野：考古队长田建文》

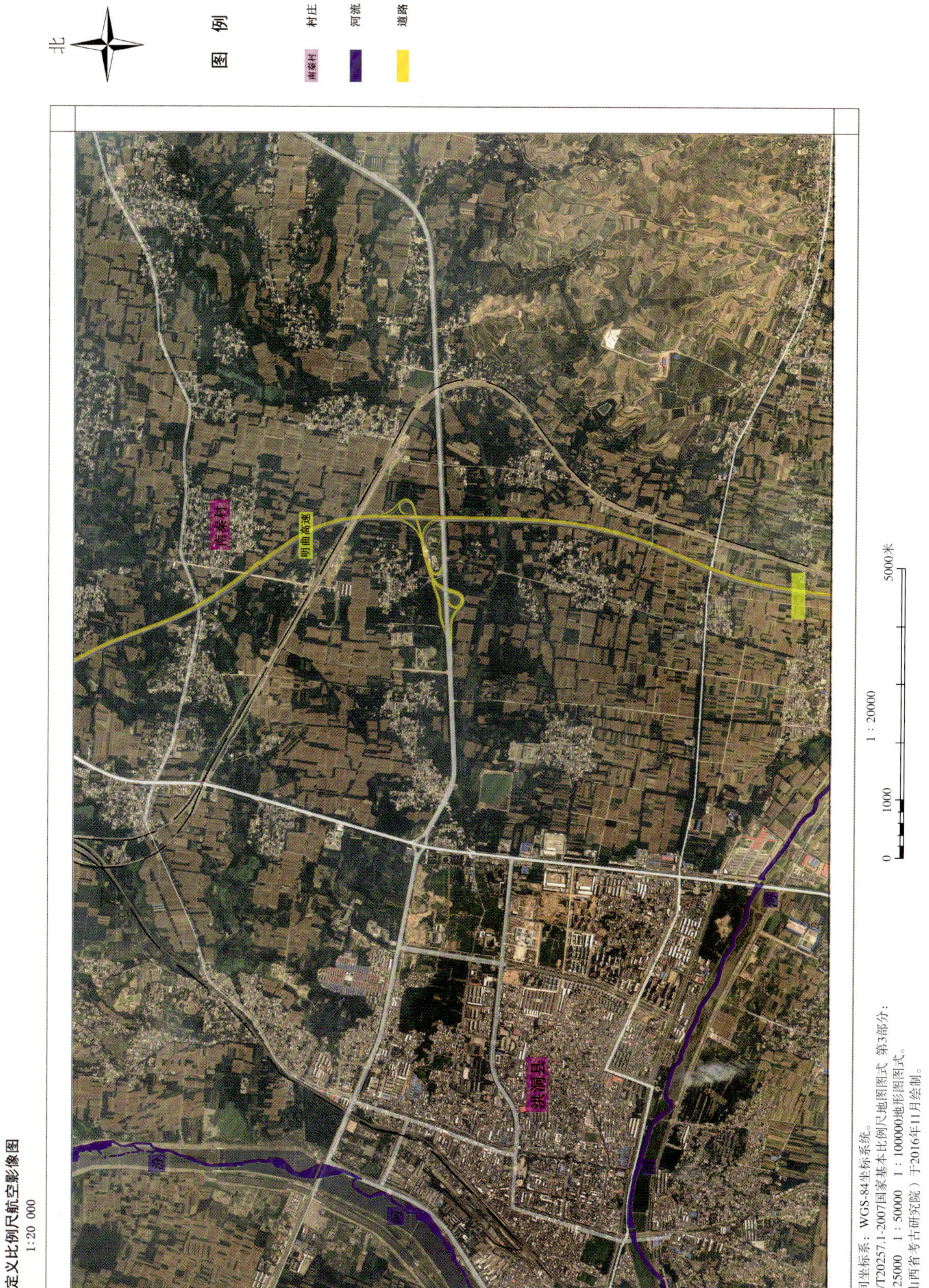

图版一

自定义比例尺航空影像图

1:20 000

图　例

村庄　河流　道路

北

南秦村
明曲高速
汾阳县

空间坐标系：WGS-84坐标系统。
GB/T20257.1-2007国家基本比例尺地图图式 第3部分：
1:25000 1:50000国家基本比例尺地图图式 1:100000地形图图式。
（山西省考古研究院）于2016年11月绘制。

南秦墓地位置与瞰图

1:20000

0　　　1000　　　5000米

1.南秦墓地发掘区鸟瞰图

2.南秦墓地M4、M6发掘现场鸟瞰（上为西）

南秦墓地发掘现场

1. M4椁盖板（上为北）

2. M4椁室立板拐角结构（东北角）

南秦墓地M4

1.棺盖板（上为北）

2.墓室（上为北）

南秦墓地M4

1. 棺、椁底板（上为北）

2. 椁室内出土青铜、陶器（上为北）

南秦墓地M4

1. 兽骨、石圭出土状况（上为北）

2. 成套辖、軎（M4：14）出土状况（上为北）

3. 骨管（M4：1）出土状况（右为东）

南秦墓地M4出土器物

南秦墓地M4出土青铜鼎（M4：6）

1.右侧

2.背面

南秦墓地M4出土青铜鼎（M4：6）

1.耳面

2.耳内侧

南秦墓地M4出土青铜鼎（M4：6）

1. 盖顶

2. 捉手

南秦墓地M4出土青铜鼎（M4:6）

1. 底部

2. 后足底部

南秦墓地M4出土青铜鼎（M4：6）

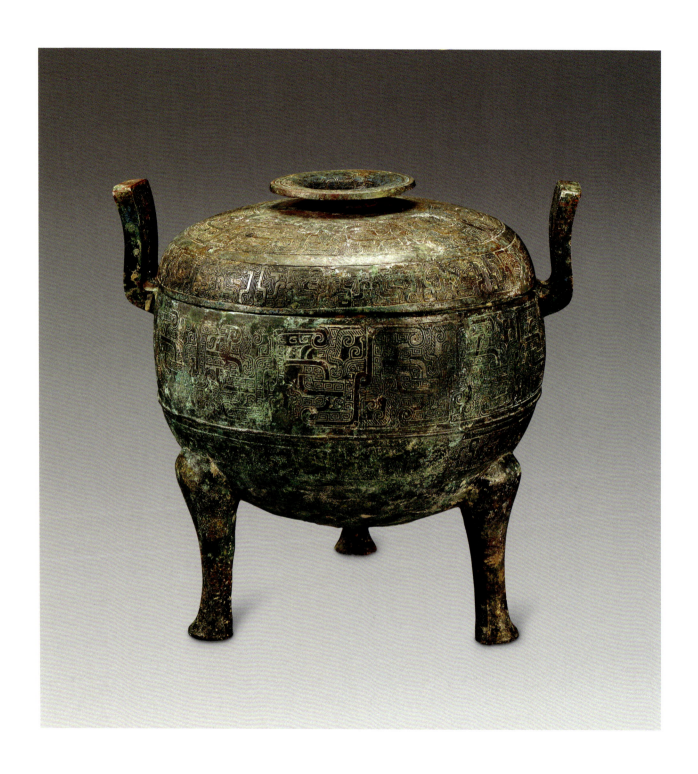

南秦墓地M4出土青铜鼎（M4：7）

1. 侧面

2. 背面

南秦墓地M4出土青铜鼎（M4：7）

1. 耳面

2. 耳内侧

南秦墓地M4出土青铜鼎（M4：7）

1. 盖顶

2. 盖捉手

3. 器底部

南秦墓地M4出土青铜鼎（M4：7）

1. 正面

2. 侧面

南秦墓地M4出土青铜豆（M4：9）

1. 耳侧面

2. 盖顶面

南秦墓地M4出土青铜豆（M4：9）

1. 底部

2. 底座顶面

南秦墓地M4出土青铜豆（M4：9）

1. 正面

2. 盖顶面

南秦墓地M4出土青铜豆（M4：8）

1. 侧面

2. 底座顶面

3. 耳侧面

南秦墓地M4出土青铜豆（M4∶8）

1. 器内饼状食物

2. 捉手处绳索

3. 底部

南秦墓地M4出土青铜豆（M4：8）

1. 正面

2. 内底

南秦墓地M4出土青铜舟（M4：2）

1. 正面

2. 底面

南秦墓地M4出土青铜盘（M4：4）

1. 正面

2. 底部

3. 流部

南秦墓地M4出土青铜匜（M4∶3）

1. 成套青铜衔、镳（M4：14-1、M4：14-2）

2. 陶罐（M4：10）

南秦墓地M4出土器物

1. M4：11

2. M4：12

南秦墓地M4出土陶壶

1. 竹木器（M4：5）

2. 骨管（M4：1）

3. 金圆形饰（M4：15）

南秦墓地M4出土器物

1. M4：13-2

2. M4：13-3

3. M4：13-4

4. M4：13-5

5. M4：13-6

南秦墓地M4出土石圭

1. 墓口（上为南）

2. 填土剖面（东侧）

南秦墓地M6

1. 墓壁白膏泥（东壁）

2. 二层台、棺盖板

南秦墓地M6

1. 墓室

2. 青铜车马器出土状况（上为北）

3. 青铜戈出土状况（上为东）

南秦墓地M6

1. 青铜礼器出土状况（上为北）

2. 陶鬲出土状况（上为东）

3. 青铜甬钟、石磬出土状况（上为西）

南秦墓地M6出土器物

1.青铜镞、曹出土状况（上为北）

2.青铜甗出土状况（上为南）

南秦墓地M6出土器物

南秦墓地M6出土青铜鼎（M6：129）

1. 侧面

2. 背面

南秦墓地M6出土青铜鼎（M6：129）

1. 耳面

2. 耳内侧

南秦墓地M6出土青铜鼎（M6：129）

1. 盖顶部

2. 器底部

南秦墓地M6出土青铜鼎（M6∶129）

南秦墓地M6出土青铜鼎（M6：110）

1. 侧面

2. 背面

南秦墓地M6出土青铜鼎（M6：110）

1. 底部

2. 盖顶部

3. 耳内侧

南秦墓地M6出土青铜鼎（M6：110）

南秦墓地M6出土青铜鼎（M6∶107）

1. 侧面

2. 背面

南秦墓地M6出土青铜鼎（M6：107）

1. 盖顶面

2. 盖顶面

3. 盖内

南秦墓地M6出土青铜鼎（M6：107）

1. 底部

2. 耳内侧

3. 后足

南秦墓地M6出土青铜鼎（M6：107）

南秦墓地M6出土青铜鼎（M6：109）

1. 侧面

2. 背面

南秦墓地M6出土青铜鼎（M6：109）

1. 盖顶部

2. 盖内

3. 盖顶部

南秦墓地M6出土青铜鼎（M6：109）

1.底部

2.右足底

3.耳内侧

南秦墓地M6出土青铜鼎（M6∶109）

南秦墓地M6出土青铜鼎（M6：128）

1. 侧面

2. 背面

南秦墓地M6出土青铜鼎（M6∶128）

1. 盖顶面

2. 耳内侧

南秦墓地M6出土青铜鼎（M6∶128）

1. 底部

2. 足底部

南秦墓地M6出土青铜鼎（M6∶128）

南秦墓地M6出土青铜鼎（M6：106）

1. 侧面

2. 背面

南秦墓地M6出土青铜鼎（M6∶106）

1. 底部

2. 足底部

3. 耳内侧

南秦墓地M6出土青铜鼎（M6∶106）

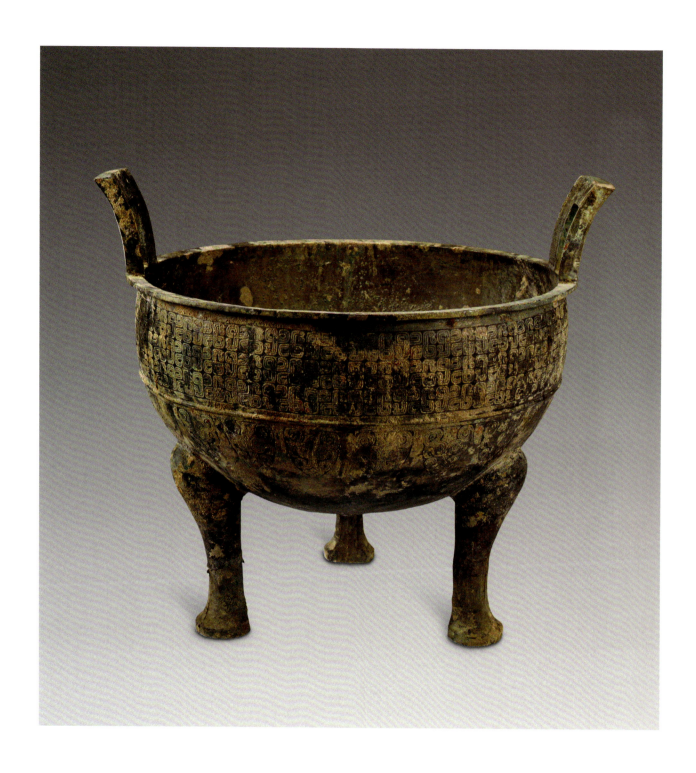

南秦墓地M6出土青铜鼎（M6：136）

1. 侧面

2. 背面

南秦墓地M6出土青铜鼎（M6：136）

1. 底部

2. 耳内侧

3. 足底部

南秦墓地M6出土青铜鼎（M6：136）

南秦墓地M6出土青铜鼎（M6：112）

1. 侧面

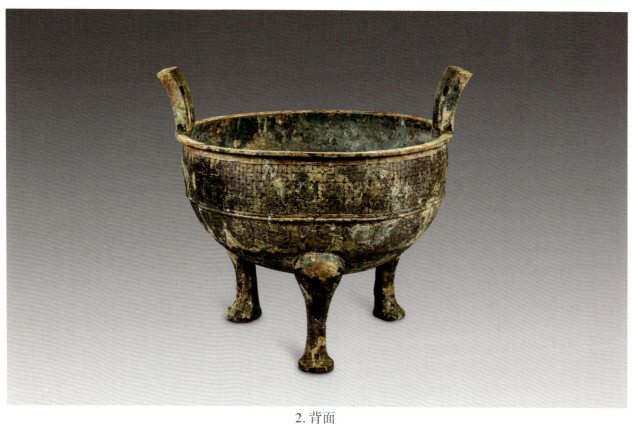

2. 背面

南秦墓地M6出土青铜鼎（M6：112）

1. 底面

2. 耳外侧

3. 耳内侧

南秦墓地M6出土青铜鼎（M6：112）

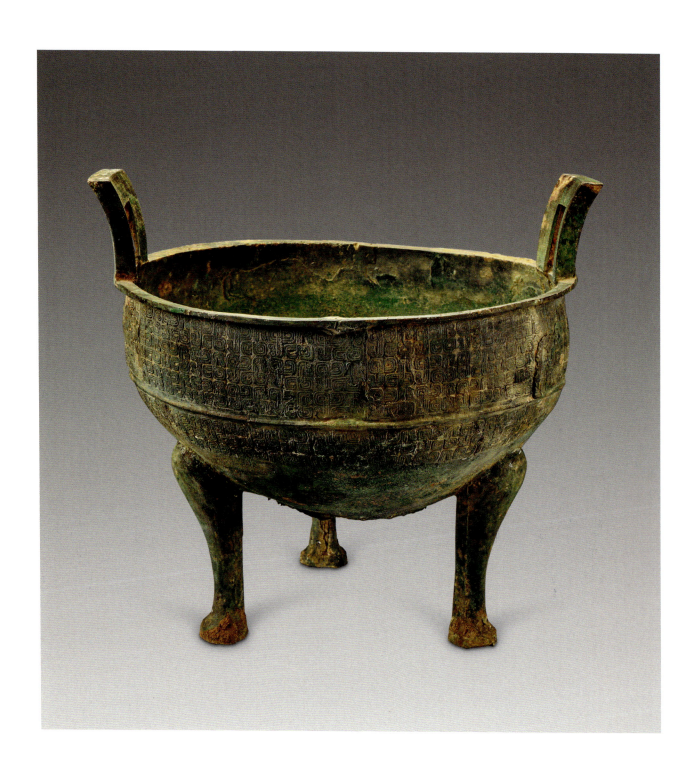

南秦墓地M6出土青铜鼎（M6：139）

1. 侧面

2. 背面

南秦墓地M6出土青铜鼎（M6∶139）

1. 底部

2. 耳内侧

3. 足底部

南秦墓地M6出土青铜鼎（M6：139）

1. 正面

2. 底部

南秦墓地M6出土青铜豆（M6：125）

1. 器内底

2. 器外底

南秦墓地M6出土青铜豆（M6：125）

1. 正面

2. 底部

南秦墓地M6出土青铜豆（M6：113）

1. 主视图

2. 盘外底鼻纽

南秦墓地M6出土青铜豆（M6：118）

1. 主视图

2. 盘外底鼻纽

南秦墓地M6出土青铜豆（M6：127）

1. 正面

2. 侧面

南秦墓地M6出土青铜敦（M6：149）

1. 盖顶面

2. 器底面

南秦墓地M6出土青铜敦（M6：149）

1. 口部

2. 器内饼形食物

南秦墓地M6出土青铜敦（M6：149）

1. 正面

2. 侧面

南秦墓地M6出土青铜敦（M6：148）

1. 器底

2. 盖顶面

南秦墓地M6出土青铜敦（M6：148）

1. 正面

2. 背面

南秦墓地M6出土青铜鬲（M6∶115）

1. 口部

2. 底部

南秦墓地M6出土青铜鬲（M6：115）

1. 正面

2. 背面

南秦墓地M6出土青铜鬲（M6：120）

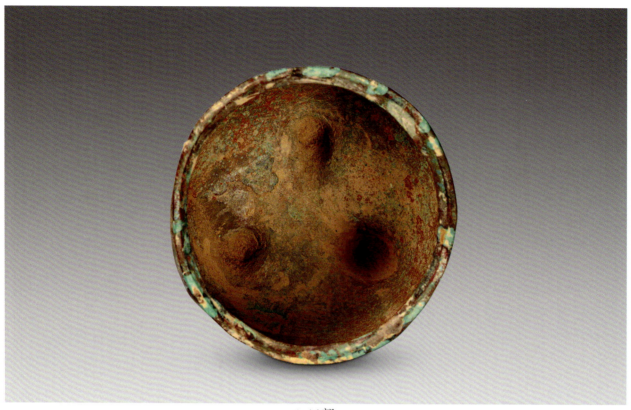

1. 口部

2. 底部

南秦墓地M6出土青铜鬲（M6：120）

南秦墓地M6出土青铜甗（M6：131）

1. 甑部侧面

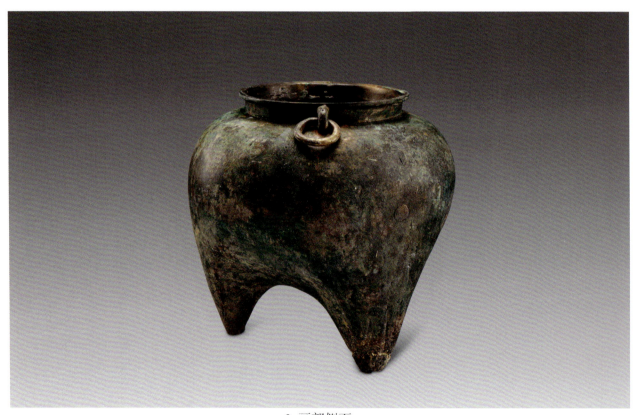

2. 鬲部侧面

南秦墓地M6出土青铜甗（M6：131）

1. 甗底部

2. 鬲底部

南秦墓地M6出土青铜甗（M6：131）

1. 正面

2. 侧面

南秦墓地M6出土青铜簠（M6：124）

1. 盖顶

2. 器底

南秦墓地M6出土青铜簠（M6：124）

南秦墓地M6出土青铜壶（M6：122）

南秦墓地M6出土青铜壶（M6：122）

1. 口部

2. 器耳兽首

3. 底部

南秦墓地M6出土青铜壶（M6：122）

南秦墓地M6出土青铜壶（M6：150）

南秦墓地M6出土青铜壶（M6：150）

1.口部

2.器耳兽首

3.底部

南秦墓地M6出土青铜壶（M6∶150）

1. 正面

2. 侧面

南秦墓地M6出土青铜舟（M6∶116）

1. 底部

2. 侧面

南秦墓地M6出土青铜舟（M6：116）

1. 正面

2. 底部

3. 器足

南秦墓地M6出土青铜盘（M6∶119）

1. 盘（M6：119）

2. 匜（M6：111）

南秦墓地M6出土青铜器

1. 正面

2. 侧面

南秦墓地M6出土青铜鉴（M6：147）

1. 口部

2. 底部

南秦墓地M6出土青铜鉴（M6：147）

1. 器耳侧面

2. 器耳正面

南秦墓地M6出土青铜鉴（M6：147）

1. 颈腹部

2. 颈、上腹局部

南秦墓地M6出土青铜鉴（M6：147）纹饰

1. 鉴（M6：123）

2. 器盖（M6：23）

南秦墓地M6出土青铜器

1. 正面

2. 底部

南秦墓地M6出土青铜镞（M6∶54）

南秦墓地M6出土青铜甬钟（M6：87）

南秦墓地M6出土青铜甬钟（M6：87-4）

南秦墓地M6出土青铜甬钟（M6：87-4）

1. 侧视

2. 舞部

3. 钟腔

南秦墓地M6出土青铜甬钟（M6∶87-4）

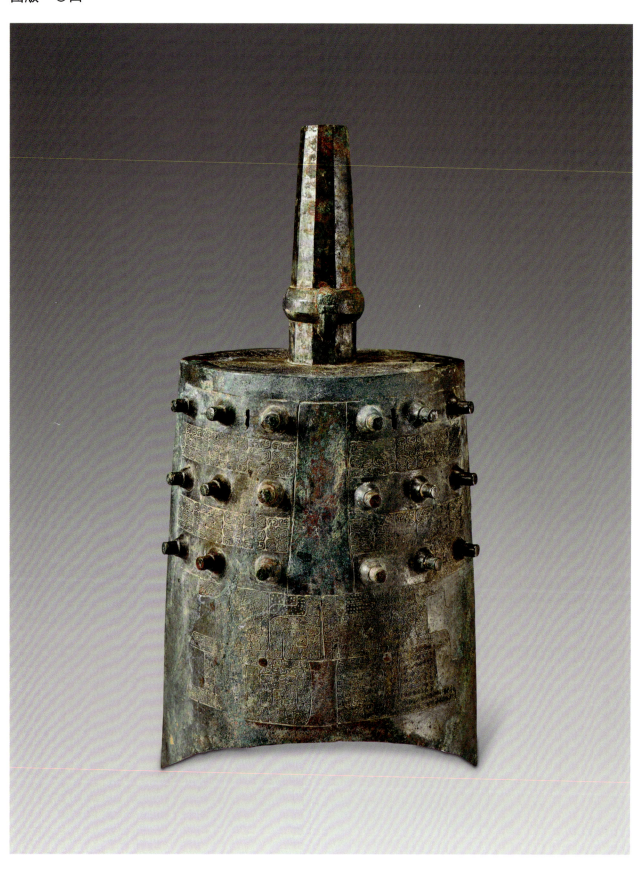

南秦墓地M6出土青铜甬钟（M6：87-5）

南秦墓地M6出土青铜甬钟（M6：87-5）

1. 侧视

2. 舞部

3. 钟腔

南秦墓地M6出土青铜甬钟（M6：87-5）

南秦墓地M6出土青铜甬钟（M6：87-1）

南秦墓地M6出土青铜甬钟（M6：87-1）

1. 侧视

2. 舞部

3. 钟腔

南秦墓地M6出土青铜甬钟（M6：87-1）

1. 篆部

2. 鼓部

南秦墓地M6出土青铜甬钟（M6：87-1）纹饰

南秦墓地M6出土青铜甬钟（M6：87-2）

南秦墓地M6出土青铜甬钟（M6：87-2）

1. 侧视

2. 舞部

3. 钟腔

南秦墓地M6出土青铜甬钟（M6：87-2）

南秦墓地M6出土青铜甬钟（M6：87-3）

南秦墓地M6出土青铜甬钟（M6：87-3）

1. 侧视

2. 舞部

3. 钟腔

南秦墓地M6出土青铜甬钟（M6：87-3）

南秦墓地M6出土青铜甬钟（M6：87-6）

南秦墓地M6出土青铜甬钟（M6：87-6）

1. 侧视

2. 舞部

3. 钟腔

南秦墓地M6出土青铜甬钟（M6：87-6）

南秦墓地M6出土青铜甬钟（M6：87-7）

南秦墓地M6出土青铜甬钟（M6：87-7）

1. 侧视

2. 舞部

3. 钟腔

南秦墓地M6出土青铜甬钟（M6：87-7）

南秦墓地M6出土青铜甬钟（M6：87-8）

南秦墓地M6出土青铜甬钟（M6：87-8）

1. 侧视

2. 舞部

3. 钟腔

南秦墓地M6出土青铜甬钟（M6：87-8）

南秦墓地M6出土青铜甬钟（M6：87-9）

南秦墓地M6出土青铜甬钟（M6：87-9）

1. 侧视

2. 舞部

3. 钟腔

南秦墓地M6出土青铜甬钟（M6∶87-9）

1. M6：133

2. M6：134

南秦墓地M6出土A型青铜戈

1. M6 : 1

2. M6 : 25

3. M6 : 73

南秦墓地M6出土Ba型青铜戈

1. M6：24

2. M6：74

3. M6：88

南秦墓地M6出土Bb型青铜戈

1. B型镞（M6：6-24、M6：6-23、M6：6-21、M6：6-22、M6：6-20）

2. 铍（M6：3）

3. 铍（M6：3）

南秦墓地M6出土青铜兵器

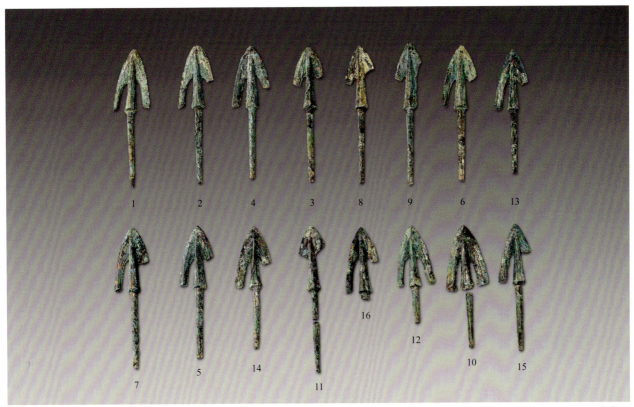

1. M6：100

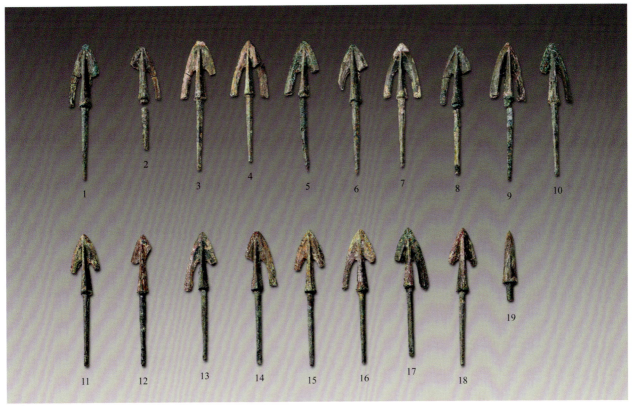

2. M6：6

南秦墓地M6出土青铜镞

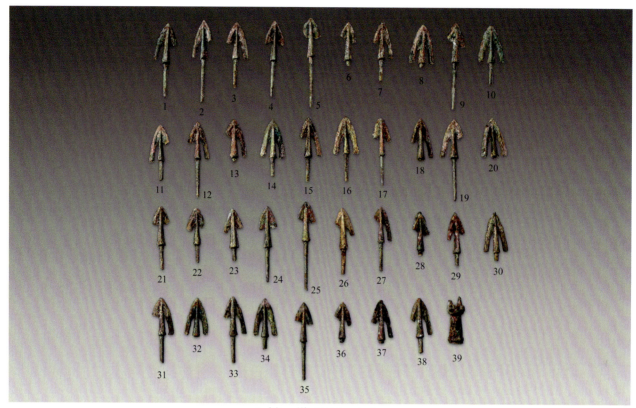

1.镞、鐏（M6：21）

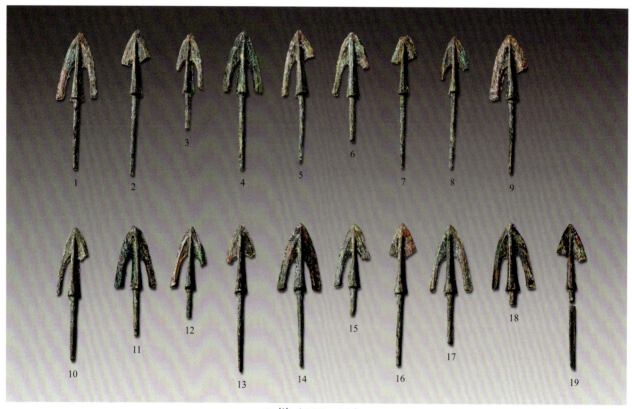

2.镞（M6：12）

南秦墓地M6出土青铜兵器

1. M6：13

2. M6：14

3. M6：31

南秦墓地M6出土A型青铜䡓

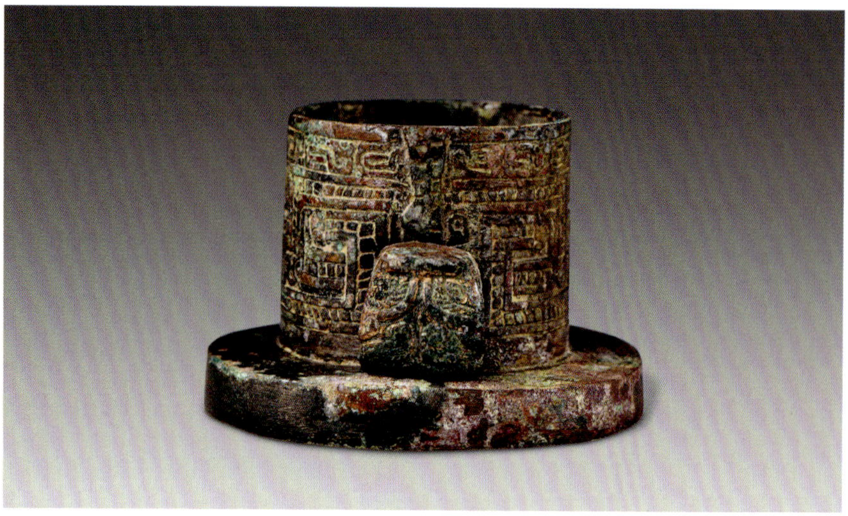

1. M6：93

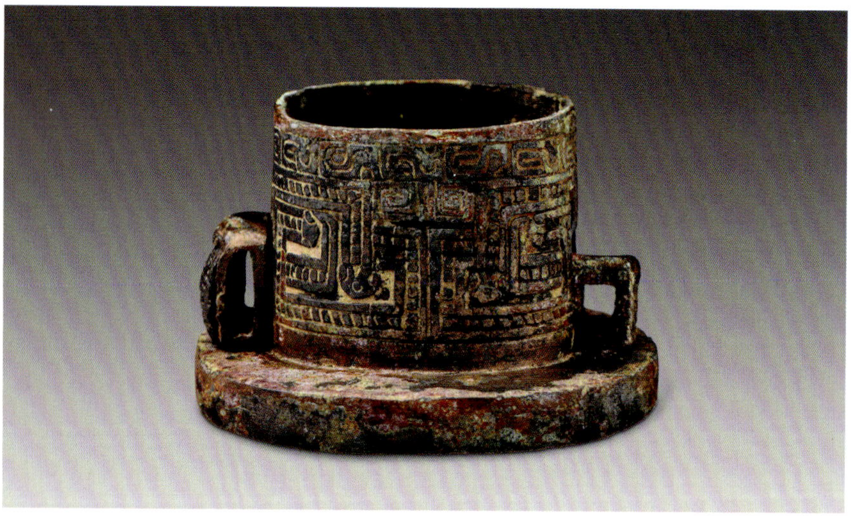

2. M6：92

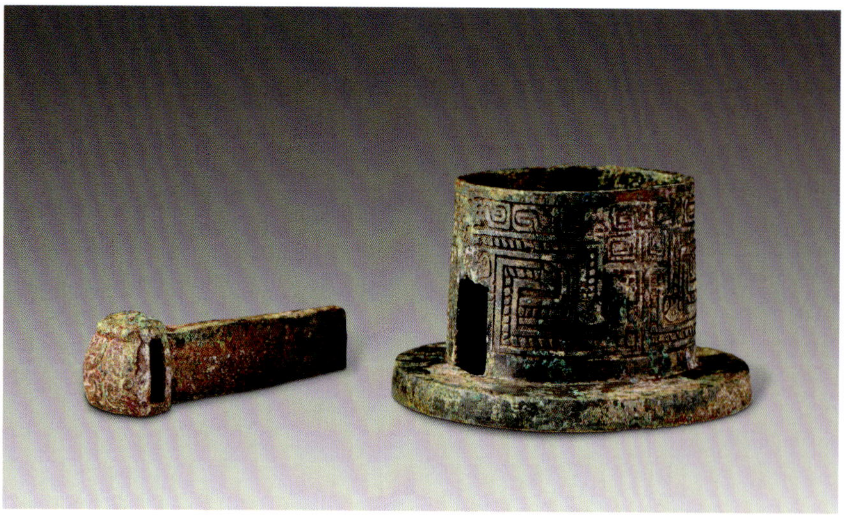

3. M6：32

南秦墓地M6出土A型青铜軎

1. M6：18

2. M6：19

南秦墓地M6出土Ba型青铜害

1. M6：102

2. M6：103

南秦墓地M6出土Bb型青铜軎

1. M6：52

2. M6：52

3. M6：47

4. M6：47

南秦墓地M6出土A型青铜衔

1. M6：34

2. M6：59

3. M6：61

4. M6：61

南秦墓地M6出土A型青铜衔

1. M6：40

2. M6：43

3. M6：53

4. M6：63

南秦墓地M6出土A型青铜衔

1. M6：15

2. M6：15

3. M6：16

4. M6：16

南秦墓地M6出土B型青铜衔

1. M6：44

2. M6：45

3. M6：56

4. M6：58

南秦墓地M6出土B型青铜衔

1. M6：35

2. M6：49

3. M6：60

4. M6：62

南秦墓地M6出土B型青铜衔

1. M6：9

2. M6：138

3. M6：130

4. M6：130

5. M6：135

6. M6：135

南秦墓地M6出土A型青铜合页

1. M6：28正面

2. M6：28背面

3. M6：29正面

4. M6：29背面

5. M6：10正面

6. M6：144正面

南秦墓地M6出土B型青铜合页

1. 整器

2. 柄末端

3. 扣首

南秦墓地M6出土A型青铜带扣（M6：36）

1. M6：51

2. M6：64

3. M6：65

4. M6：57

南秦墓地M6出土B型青铜带扣

1. M6：143

2. M6：140

南秦墓地M6出土A型青铜泡（锡）

1. M6：114-1

2. M6：114-2

南秦墓地M6出土A型青铜泡（锡）

1. M6：142

2. M6：146

南秦墓地M6出土A型青铜泡（锡）

1. 正面

2. 背面

南秦墓地M6出土B型青铜泡（锡）（M6：141）

1. M6：132

2. M6：30

南秦墓地M6出土B型青铜泡（锡）

1. 短管（M6采：5）

2. 短管（M6：41-355）

3. 长管饰（M6：83）

南秦墓地M6出土青铜管

1. 削刀（M6：151、M6：22）

2. 凿（M6：50）

3. 凿（M6：50）

南秦墓地M6出土青铜工具

1. 正面

2. 背面

3. 侧面

4. 銎口

南秦墓地M6出土青铜锛（M6∶11）

1.圭（M6：38）

2.圭（M6：38）

3.扣饰（M6采：2-1、M6采：2-2）

4.扣饰（M6采：2-1、M6采：2-2）

5.扣饰（M6：26-1、M6：26-2）

6.扣饰（M6：26-1、M6：26-2）

南秦墓地M6出土其他青铜器

1. 器錾（M6采：3）

2. 器錾（M6采：3）

3. 扣环饰（M6采：4）

4. 扣环饰（M6采：4）

5. 器錾（M6：117-1、M6：117-2）

6. 器錾（M6：117-1、M6：117-2）

南秦墓地M6出土其他青铜器

1. 正面

2. 背面

南秦墓地M6出土青铜贝（M6∶17）

1. 正面

2. 背面

南秦墓地M6出土青铜贝（M6：20）

南秦墓地M6出土青铜贝（M6：41）

南秦墓地M6出土青铜贝（M6：84）

1. 鬲（M6：81）

2. 罐（M6：86）

南秦墓地M6出土陶器

1. M6：94

2. M6：101

南秦墓地M6出土陶罐

1. M6：95

2. M6：99

南秦墓地M6出土陶罐

1. M6：69

2. M6：72

3. M6：70正面

4. M6：70背面

5. M6：71正面

6. M6：71背面

南秦墓地M6出土金饰

1. M6：75正面

2. M6：75背面

3. M6：76正面

4. M6：76背面

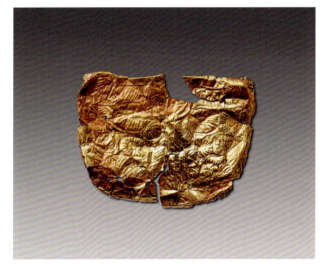

5. M6：77

6. M6：78

南秦墓地M6出土金饰

1. M6∶79

2. M6∶80

3. M6∶82

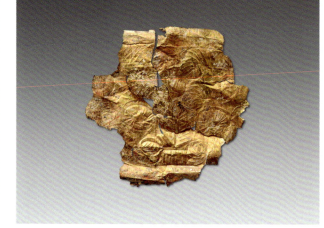

4. M6∶90

5. M6∶89正面

6. M6∶89背面

南秦墓地M6出土金饰

南秦墓地M6出土石磬（M6：85）

1. 尺形器（M6：39）

2. 尺形器（M6：39）

3. 管形饰（M6：97）

4. 管形饰（M6：97）

5. 圭（M6：2）

南秦墓地M6出土石器

1. M6：4-1

2. M6：4-2

3. M6：5-1

4. M6：5-1

5. M6：5-2

南秦墓地M6出土石圭

1. M6：37

2. M6：48-1、M6：48-2

3. M6：48-1、M6：48-2

南秦墓地M6出土骨镳

南秦墓地M6出土骨贝（M6：41）

1. 正面

2. 背面

南秦墓地M6出土骨贝（M6：84）

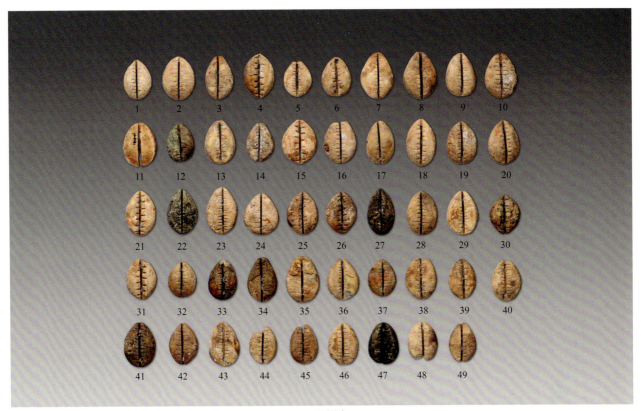

1. 正面

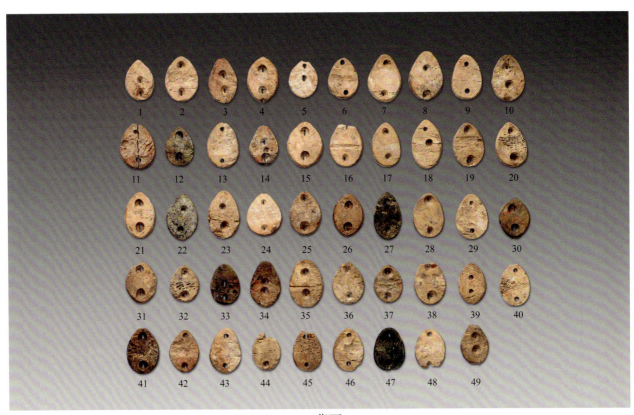

2. 背面

南秦墓地M6出土骨贝（M6：104）

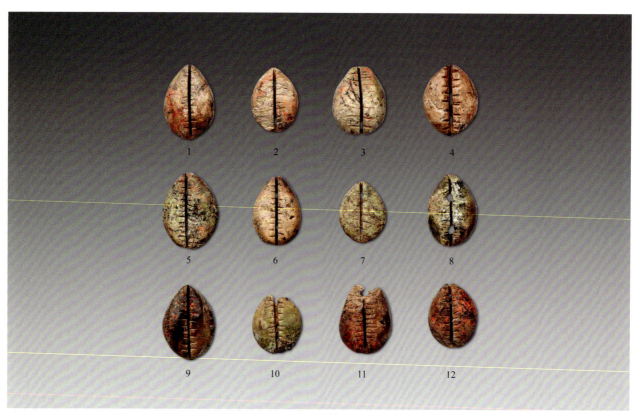

1. 正面

2. 背面

南秦墓地M6出土骨贝（M6：152）

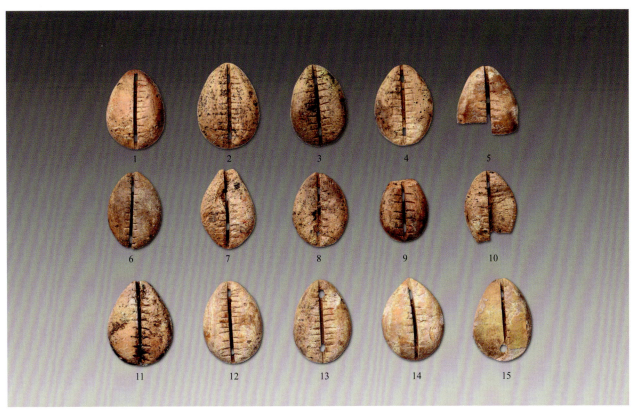

1. 正面

2. 背面

南秦墓地M6出土骨贝（M6：137）

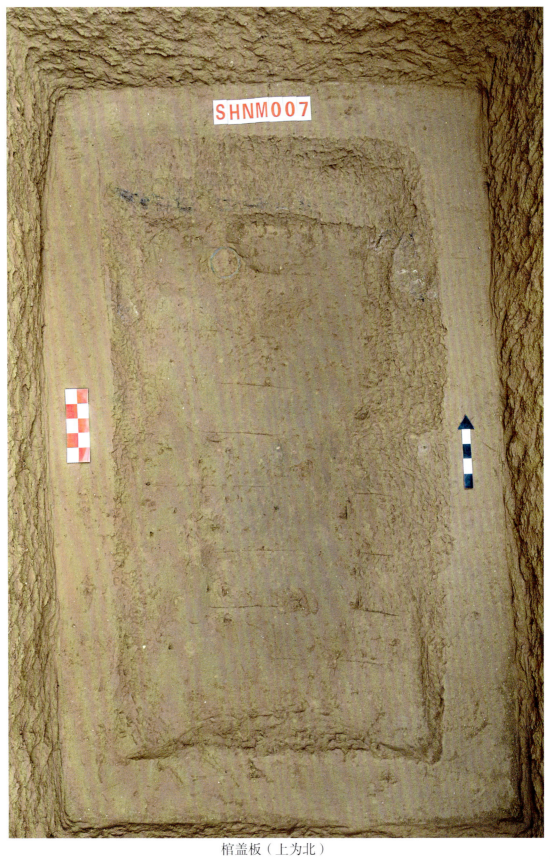

棺盖板（上为北）

南秦墓地M7

1. 墓室（左为北）

2. 陶罐（M7：1）

南秦墓地M7墓室及出土陶罐

1. 墓圹北侧填土剖面

2. 墓壁工具印痕

南秦墓地M8填土剖面及墓壁工具印痕

1. 墓室（右为北）

2. 陶罐（M8：1）

南秦墓地M8墓室及出土陶罐

1. 铁簪（M8：2）

2. 铁带钩（M8：3）

3. "半两"铜钱（M8：4）正面　　　　4. "半两"铜钱（M8：4）背面

南秦墓地M8出土器物

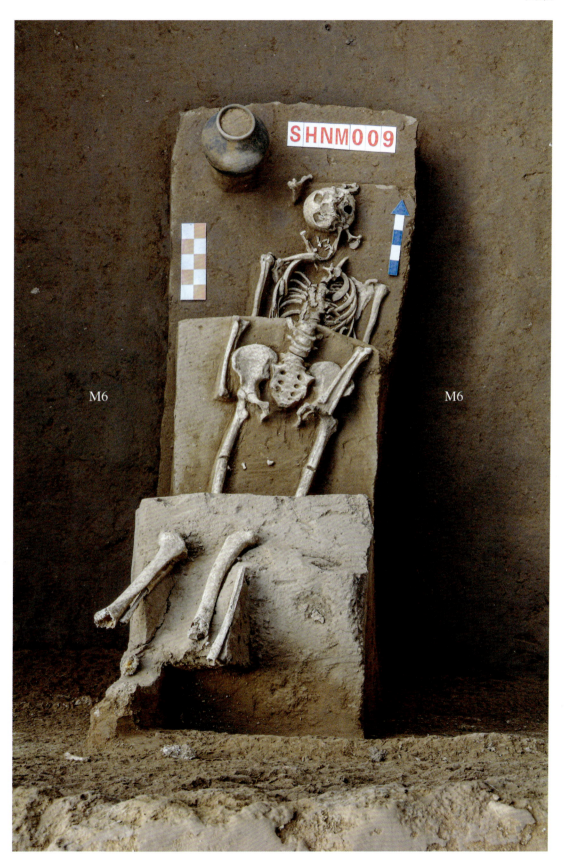

南秦墓地M9

1. 墓室侧视（上为南）

2. 陶罐（M9：1）

南秦墓地M9墓室及出土陶罐

1. 墓室（左为北）

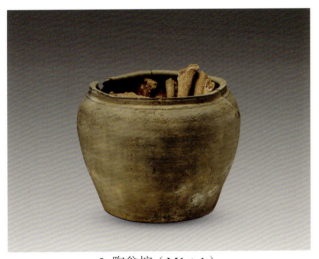

2. 陶瓮棺（M1：1）

3. 陶瓮棺（M1：2）

南秦墓地M1墓室及葬具

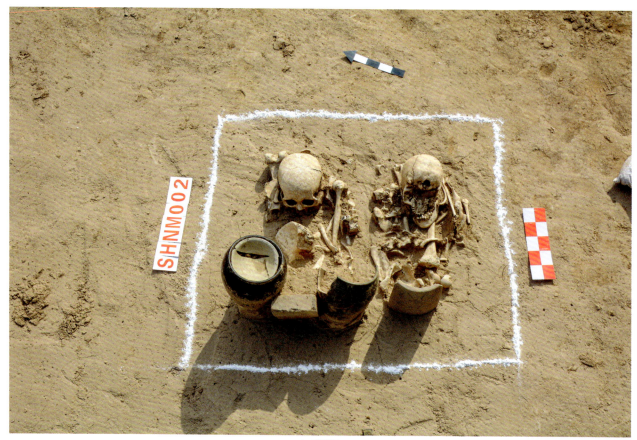

1. 墓室

2. 陶砖（M2：4）

3. 陶砖（M2：4）

南秦墓地M2墓室及出土陶砖

1. 瓷碗（M2：1）

2. 陶瓦（M2：5）

3. 陶瓦（M2：5）

南秦墓地M2出土器物

1. M2：2

2. M2：3

南秦墓地M2出土瓷罐

1.墓室

2.陶瓦（M3∶2）

3.陶瓦（M3∶2）

南秦墓地M3墓室及出土陶瓦

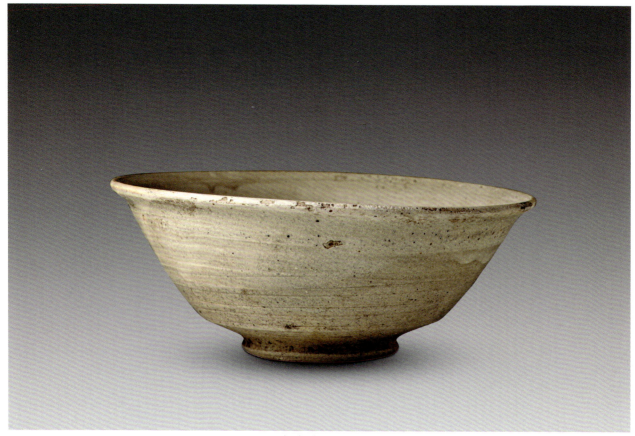

1. 瓷碗（M3：1）

2. 陶瓦（M3：3）

3. 陶瓦（M3：3）

南秦墓地M3出土器物

SHNM005

墓道、墓室（上为东）

南秦墓地M5

1.墓室（上为南）

2.陶瓦（M5：4）

3.陶瓦（M5：4）

南秦墓地M5墓室及出土陶瓦

1. 正视

2. 底部

南秦墓地M5出土瓷罐（M5：5）

1. 铜扣（M5：1-1）

2. 铁棺钉（M5：6）

3. "康熙通宝"（M5：2）正面

4. "康熙通宝"（M5：2）背面

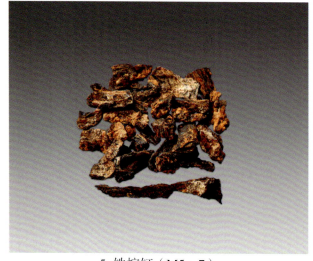

5. 铁棺钉（M5：7）

6. 铁犁头（M5：3）

南秦墓地M5出土器物

1. H1

2. H2

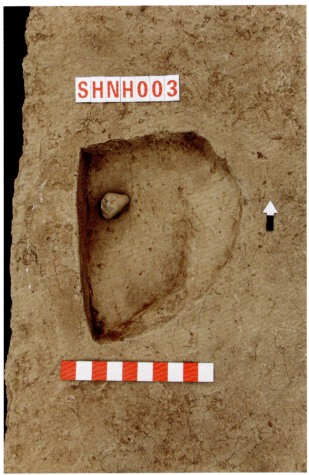

3. H3

4. H4

南秦墓地灰坑

1.陶釜（H4：2）

2.陶罐（H4：1）

3.石块（H3：1）

南秦墓地灰坑出土器物